RENATA FERRAZ

UM FILHO NA UTI

O LIMITE ENTRE A FÉ E O SOFRIMENTO

Dados Internacionais de Catalogação na Publicação (CIP)
(Câmara Brasileira do Livro, SP, Brasil)

Ferraz, Renata
   Um filho na UTI : o limite entre a fé e o sofrimento / Renata Ferraz.
– São Paulo : Paulinas, 2014. – (Coleção superação)

   ISBN 978-85-356-3767-0

   1. Fé   2. Relatos   3. Sofrimento   4. Sofrimento - Aspectos
religiosos   I. Título.   II. Série.

14-04106   CDD-248.2

Índice para catálogo sistemático:
1. Sofrimento : Aspectos religiosos : Cristianismo   248.2

1ª edição – 2014

Direção-geral:	*Bernadete Boff*
Editora responsável:	*Andréia Schweitzer*
Copidesque:	*Ana Cecilia Mari*
Gerente de produção:	*Felício Calegaro Neto*
Projeto gráfico:	*Manuel Rebelato Miramontes*
Foto da autora:	*Rebecca Torquato*

Nenhuma parte desta obra poderá ser reproduzida ou transmitida por qualquer forma e/ou quaisquer meios (eletrônico ou mecânico, incluindo fotocópia e gravação) ou arquivada em qualquer sistema ou banco de dados sem permissão escrita da Editora. Direitos reservados.

Paulinas

Rua Dona Inácia Uchoa, 62
04110-020 – São Paulo – SP (Brasil)
Tel.: (11) 2125-3500
http://www.paulinas.org.br – editora@paulinas.com.br
Telemarketing e SAC: 0800-7010081

© Pia Sociedade Filhas de São Paulo – São Paulo, 2014

Miguel
Miguel, Miguelzinho,
Miguelito, Iguizinho.
Meu filho, meu bebê.
Meu anjo, meu anjinho.
Meu amor, meu amorzinho.
Meu denguinho, meu zamozinho.
Meu príncipe, meu lindo.
Meu querido, meu fofinho...
Minha vida.

*Dedico este livro a todos que,
direta ou indiretamente,
fizeram parte desta história
e também a todas as mães de UTI.*

*Agradeço a Deus, pela graça recebida,
à Dra. Graça Moura, por nunca ter desistido
e por ter sido instrumento de Deus
na cura do meu filho,
e ao Pe. Zezinho, scj,
por acreditar na minha capacidade
e me incentivar a escrever este livro.*

Meu bisneto,
Miguel,
É um maravilhoso menino
Há pouco tempo chegado.
É um precioso pequenino
Que será muito amado.
Tem já nome de anjo, Miguel,
Que agora o guarda.
Que sua estrela lá no céu
Ilumine o futuro que o aguarda.
A alegria que traz
É do mais fino trato.
Bem-vindo,
Miguel Ferraz Calistrato

Geraldo de Mesquita – bisavô materno

Para tu amor

Para tu amor lo tengo todo
Desde mi sangre hasta la esencia de mi ser
Y para tu amor que es mi tesoro
Tengo mi vida toda entera a tus pies

Y tengo también un corazón
Que se muere por dar amor
Y que no conoce el fin
Un corazón que late por vos

Para tu amor no hay despedidas
Para tu amor yo solo tengo eternidad
Y para tu amor que me ilumina
Tengo una luna, un arco iris y un clavel

Por eso yo te quiero tanto
Que no sé como explicar lo que siento
Yo te quiero porque tu dolor es mi dolor
Y no hay dudas yo te quiero
Con el alma y con el corazón
Te venero hoy y siempre
Gracias yo te doy a ti mi amor
Por existir

Juanes (Mi sangre, 2004)

Esta é uma música que gostava de cantar para Miguel desde que ele estava no meu ventre. Nas horas que ele estava agitado ou sentindo dores no hospital, e eu cantava essa música, ele se acalmava.

SUMÁRIO

Prefácio - Pe. Zezinho... 11

Capítulo 1 13

Capítulo 2 17

Capítulo 3 43

Capítulo 4 73

Capítulo 5 85

Capítulo 6 99

Capítulo 7 117

Capítulo 8 151

Capítulo 9 171

Capítulo 10.. 201

Depoimentos 217

PREFÁCIO

Renata de Mesquita Ferraz Calistrato é uma agradável revelação no mundo das letras e da catequese católica. Fala de seu filho Miguel, mas consegue visualizar todos os filhos que exigem meses e anos de cuidados até que se aprumem e comecem a frutificar!

O livro fala de pais que dão a vida duas vezes para o mesmo filho. O leitor perceberá a catequese serena deste casal, enquanto o filho lutava para sobreviver. Quem os conhece sabe que estas páginas podem fazer a diferença.

Eu vi os primeiros dias do Miguel, e mais tarde as primeiras páginas do livro. Não poderia fazer outra coisa que incentivá-lo. Milhares de pais precisam desta motivação!

Pe. Zezinho, scj

CAPÍTULO 1

Foram dias de dor, foram dias
Nem sempre é fácil ser mãe
Da manjedoura ao pé da cruz.
(Pe. Zezinho, scj)

Você vai agora conhecer uma parte da minha história de mãe. A história do segundo maior amor que existe neste universo: o amor de uma mãe por seu filho. Sentimento esse que só fica atrás do amor que Deus sente por nós, seus filhos aqui na terra. No entanto, apesar de ser o segundo maior amor que existe, ele é tão profundo, infinito, imenso, forte, eterno, puro, lindo, iluminado e iluminante, corajoso e incondicional, quanto o amor de Deus por nós.

O amor materno é tudo isso porque um filho é corpo do nosso corpo, sangue do nosso sangue. É uma vida que se desenvolve em nosso ventre, a qual sentimos mexer e crescer dentro de nós. É um ser que desde o início provoca muitas mudanças em nosso corpo, em nossa cabeça e em nossos sentimentos.

As pessoas costumam dizer que, na hora do parto, a mãe dá à luz seu filho, mas, para mim, é o filho quem traz luz para a vida de sua mãe. Uma luz que tem início na hora do parto e que não acaba mais.

Este livro conta a história de uma dentre as inúmeras mães de UTI que existem no mundo. Sou apenas mais uma que sofreu muito, porém que teve um final feliz. A minha história não é igual nem diferente, melhor nem pior que as histórias de outras mães de UTI, apenas é a minha história de sofrimento, fé e amor incondicional.

***

Ninguém vem ao mundo preparado para sofrer, contudo, isso faz parte da vida desde o momento em que nascemos. À medida que crescemos, os sofrimentos aos quais estamos sujeitos vão se agravando, por isso, precisamos ir amadurecendo e ficando mais fortes para superar os próximos que poderão surgir. Problemas nos levam ao sofrimento, mas isso é subjetivo a cada pessoa, pois o que para uns é um problema e causa sofrimento, para outros pode não ser. Só sabemos o que é um problema de verdade quando passamos por ele, antes disso vivemos procurando problemas imaginários que nos fazem sofrer inutilmente. O ser humano é assim. E o sofrimento faz parte de todas as fases da nossa vida.

Contas a pagar, trânsito intenso, empregada atrasada, filhos com notas baixas na escola, carro quebrado, falta de dinheiro para comprar algum bem material, reunião de condomínio, vizinho chato... e tantas outras coisas nos estressam e nos fazem achar que temos "problemas". Nós, seres humanos, sofremos por diversos motivos, causas e de maneiras diferentes.

Há dois tipos principais de sofrimento: o psicológico e o físico. Existe também a combinação de sofrimentos, ou seja, quando todos os tipos de sofrimento recaem ao mesmo tempo em uma só pessoa. É o que acontece a uma mãe que vê o filho sofrer: todos os tipos de dor e sofrimento são sentidos a um só tempo e com grande intensidade.

Hoje, paro para pensar e tento imaginar quão grande foi o padecimento de Maria ao ver seu filho Jesus morrendo injustamente na cruz... Jamais conseguirei ter a exata noção do que Nossa Senhora sentiu...

Esse tipo de sofrimento pode levar uma mãe à loucura. Na minha opinião, toda mãe que vê seu filho morrer e consegue passar por isso de forma serena, deveria ser consagrada santa, e, quando morresse, teria de ir direto para o céu, pois não existe sofrimento maior que a perda de um filho. E por isso agradeço a Deus todos os dias por meu filho estar vivo e saudável a meu lado.

Não sei se teria a força de Nossa Senhora e de tantas outras mães, como Maria Julia Miele, e minha amiga Ana Catarina, que perderam os filhos e mesmo assim conseguiram levar a vida adiante. Admiro todas essas mulheres! Elas são heroínas!

Mas o que é possível fazer quando estamos diante de um sofrimento que não há remédio que cure? Existe alguma forma de nos tornarmos mais fortes, para que consigamos enfrentar essa situação sem que ela nos destrua? Como devemos reagir diante de episódios inesperados e ruins que acontecem na nossa vida? Como podemos fazer para conseguirmos administrar um sofrimento e diminuir suas ações negativas sobre nós? É possível aprender alguma coisa boa com um sofrimento, uma dor? É possível suportar ver um filho doente, sofrendo e com risco de morrer? Realmente existe um amor puro e incondicional? É sobre questões como essas que vamos refletir durante a leitura deste livro.

Agora, pare durante poucos minutos a leitura e pense: E para você, o que é um problema? Quais são os seus problemas atualmente? O que faz você sofrer?

Concordo com Maria Julia Miele, quando ela fala em seu livro que o problema não é algo a ser resolvido, e sim algo sem solução. Desse modo, sempre que achar que está passando por algum problema e que, por isso, está sofrendo, analise se vai conseguir resolvê-lo mais cedo ou mais tarde, ou se realmente ele não tem solução. Hoje em dia é assim que ajo, e você vai saber agora o porquê disso.

CAPÍTULO 2

"Eu pedi força...
e Deus me deu dificuldades para me fazer forte;
Eu pedi sabedoria...
e Deus me deu problemas para eu resolver;
Eu pedi prosperidade...
e Deus me deu cérebro e músculos para eu trabalhar;
Eu pedi coragem...
e Deus me deu perigos para eu superar;
Eu pedi amor...
e Deus me deu pessoas com problemas para eu ajudar;
Eu pedi favores...
e Deus me deu oportunidades.
Eu não recebi nada do que pedi...
mas recebi tudo o que eu precisava."
(Autor desconhecido)

Deus sempre esteve presente em minha vida, mas, por um momento, cheguei a duvidar de sua existência e de seu amor por mim...

Meu filho me fez duvidar de Deus... Eu que sempre me julguei uma pessoa de fé, quase perdi a minha. Na verdade, dizer ter fé e acreditar em Deus, quando tudo está indo bem, é fácil; difícil é dizer isso quando tudo está dando errado, quando sua vida vira de ponta cabeça, quando você sente na pele o medo de perder seu filho.

***

Em quase tudo na minha vida fui precoce. Tive meu primeiro namorado aos 14 anos, quando cursava a oitava série do ensino fundamental (hoje chamado de nono ano), e com ele casei aos 19. Aos 18 anos, ingressei em duas faculdades: cursava fonoaudiologia à tarde e pedagogia à noite. E antes mesmo de começar as minhas aulas nas universidades, já estava trabalhando como professora de educação infantil, no turno da manhã. Em apenas um ponto na minha vida não fui precoce: ser mãe. Apesar de ter me casado cedo, não quis ter filhos antes de me formar e de organizar a minha vida profissionalmente, pois sabia que uma criança exigiria muita dedicação.

Só aos 26 anos, e com 7 anos de casada, é que resolvi me tornar mãe. Já estava formada em fonoaudiologia e concluindo a pedagogia, e com a minha vida profissional em andamento, Júnior e eu então decidimos que a hora havia chegado. Parei de tomar o anticoncepcional e, mesmo depois de alguns meses, não havia conseguido engravidar.

Fui à minha ginecologista, que também é minha tia, e ela passou uma medicação para estimular a ovulação. Depois de três meses fazendo uso dessa medicação, ainda não tinha conseguido engravidar... Sentia-me muito triste quando a cada mês ia até o laboratório realizar o exame de gravidez, e este dava negativo. Nesse período, apareceu uma proposta de emprego bastante interessante, assim, diante disso e das decepções de não ter conseguido engravidar, Júnior e eu decidimos adiar mais um pouco esse plano, para que eu pudesse me estabelecer nesse emprego.

Parei de tomar o remédio para ovulação, porém não voltei a tomar o anticoncepcional, porque achava que não iria engravidar sem fazer um tratamento específico.

Comecei a trabalhar em uma escola como pedagoga, explicando e tirando as dúvidas dos pais sobre a proposta pedagógica do colégio. Estava em período de experiência, e só após três meses é que iriam assinar minha carteira como permanente, só que no cargo de professora do ensino fundamental. Queria muito trabalhar nessa escola, pois era de porte grande e religiosa, desse modo poderia, paulatinamente, mostrar a importância do fonoaudiólogo escolar, cargo ao qual almejava.

Poucos dias depois de iniciar meu trabalho como pedagoga nessa escola comecei a perceber o atraso em minha menstruação, todavia jamais imaginei estar grávida, pois, tendo em vista que ao realizar o tratamento não engravidei, imagine sem fazê-lo... Jamais engravidaria! Porém, esqueci que para Deus tudo é possível.

Era dia 12 de novembro de 2006, um domingo ensolarado e bonito, típico de final de semana de almoço com a família. Estávamos todos reunidos no terraço da casa de meus pais, após o almoço, e jogando conversa fora. Então falei à minha tia Cê sobre o atraso na minha menstruação, que já era de mais ou menos três semanas, e perguntei o que achava que poderia ser. Seria gravidez? Perguntei isso mesmo achando que não. Ela disse que achava pouco provável, já que eu não estava mais fazendo o tratamento, e que poderia ser resistência à insulina. Mandou que eu fizesse um exame de sangue para ter certeza e poder realizar o tratamento adequado, mas que, antes disso, por desencargo de consciência, era melhor realizar um teste de gravidez. Assim, deu-me o nome do remédio que deveria tomar após receber o resultado negativo do Beta HCG, para que minha menstruação se regularizasse.

Nesse momento, a minha mãe sabiamente disse: "Lembrem-se de que para Deus tudo é possível. Você vai engravidar quando ele achar que é o momento, e não quando você achar que é a hora". Parece que ela estava adivinhando! As mães são sábias... E sábios são os filhos que escutam e obedecem as suas mães.

Assim, no dia 16 de novembro de 2006, quinta-feira, fui ao laboratório me submeter ao exame antes de ir trabalhar. Desta vez o sentimento era diferente com relação ao que sentia nos meses anteriores. Nos outros meses, ia realizá-lo torcendo para estar grávida e com uma expectativa enorme em receber o resultado. Agora não havia nenhuma expectativa. Realmente estava indo fazer o exame só porque a minha tia havia pedido.

No fim do meu expediente, fui sozinha buscar o resultado do exame, pois meu marido ficou no colégio terminando uns trabalhos e me esperando voltar para deixá-lo na sua aula de pós-graduação. No caminho até o laboratório vi várias mulheres grávidas e outras com bebês no colo andando pelas ruas, então comecei a pensar: e se realmente eu estiver grávida? Mas logo concluía: que nada, Renata, é impossível você estar grávida sem realizar o tratamento adequado... Você nem está ovulando.

Já eram 17h50, quase hora do laboratório fechar, e lá estava eu estacionando o carro para pegar o exame. Entrei no laboratório, calmamente entreguei a minha identidade e pedi à moça que pegasse o resultado.

Ela foi à gaveta onde ficavam os exames e prontamente procurou o meu. Quando me entregou, peguei-o e, antes mesmo de abri-lo, fui saindo do laboratório. Ao abrir o resultado, meu coração disparou. Havia o número 496,9 mUI/ml. Nos outros meses o número que aparecia escrito era sempre zero, e agora lá estava o número 496,9 mUI/ml... O que esse número significava eu já sabia, mas mesmo assim quis ter certeza. Então voltei para dentro do laboratório e perguntei à moça do balcão o que aquilo significava. Ela prontamente respondeu: "Deu positivo... Você está grávida!". Na mesma hora lágrimas desceram por meu rosto e minhas pernas ficaram trêmulas. Como pode... Eu estou grávida!

Uma mistura de sentimentos tomou conta de mim: medo, alegria, incerteza, felicidade...

Em meio ao choro, fui andando até o carro, sentei-me e liguei para o Júnior, a fim de tentar me acalmar, pois não tinha condições de dirigir nervosa, naquele estado. Assim que ele atendeu o telefone, falei: "Deu positivo". Ele, sem entender, disse: "O quê?". Respondi: "O exame deu positivo... Eu estou grávida! O que farei agora, Júnior? O Neves não vai querer me contratar como professora, vão me colocar para fora quando acabar meu contrato de três meses! O que farei?". Júnior, como um esposo muito dedicado, disse: "Calma, Renata, daremos um jeito. Se acalme e só venha para cá quando tiver em condições de dirigir".

Logo após liguei para minha mãe. Ela, como uma mãe muito dedicada, cuidadosa e sábia que era, iria dizer as palavras certas para que eu me acalmasse. Quando ela atendeu o telefone, eu disse: "Mãe, eu estou grávida!". Sem entender direito, por causa do barulho do lugar onde se encontrava, e porque não estava esperando receber essa notícia, disse: "O quê?". Ao que respondi: "Isso mesmo que você ouviu: eu estou grávida... Acabei de pegar o resultado aqui no laboratório". Ela disse: "Mas por que está chorando, minha filha? Você não queria tanto engravidar, não estava há tantos meses querendo receber esse resultado?". Respondi a ela que não era para eu ter engravidado agora, pois, além de estar pleiteando um bom emprego, vinha tomando remédio para narcolepsia, e que este não poderia ser ingerido por mulheres grávidas. Minha mãe me disse: "Se Deus permitiu que essa gravidez ocorresse, é porque tudo dará certo".

Após me acalmar, peguei o carro e fui ao encontro de Júnior no colégio que trabalhávamos. Quanta coisa passou em minha cabeça na trajetória do laboratório até o colégio... Coisas boas e ruins... O fato de eu estar tomando o remédio para combater a sonolência me preocupava muito.

Quando cheguei ao colégio, Júnior e eu nos abraçamos. Ele me passou muita força e calma. Sentamos na lanchonete para fazer um lanche e conversar sobre o que iríamos fazer daquele momento em diante. Sabíamos que, quando as irmãs da escola soubessem que eu estava grávida, não iriam querer me contratar. Mas não era justo escondermos isso de todos para assegurar o emprego, não seria honesto. Decidimos então contar a elas, mesmo que isso me custasse ficar desempregada.

Fui deixar o Júnior na pós-graduação e segui para a minha aula de estágio na UFRN. Não consegui me concentrar na aula, pois queria contar para todo o mundo a novidade. Então, assim que cheguei à universidade, deixei o meu material na sala e fui para o corredor telefonar. Liguei logo para a minha grande amiga Mariana Guimarães, que tinha me acompanhado ao laboratório todas as outras vezes em que fui realizar o Beta HCG. Ela fez a maior festa, ficou muito feliz e me deu bastante força.

Nessa noite, ao chegarmos em casa, eu e o Júnior conversamos muito sobre que rumo daríamos à nossa vida, o que iríamos fazer em relação ao meu futuro profissional, e como seria agora com o bebê, que nos uniria finalmente como uma família, e não mais como casal.

Como sabíamos que a escola não iria mais me querer por causa da gravidez, decidimos que eu abriria meu consultório de fonoaudiologia, como sempre sonhei.

Agora era colocar a mão na massa, iniciar o pré-natal e procurar um local para o consultório. Já no outro dia fui realizar a primeira ultrassonografia para ver se tudo estava transcorrendo bem. Foi um momento mágico, maravilhoso, quando o médico colocou o aparelho e vimos o Miguel e ouvimos o seu batimento cardíaco pela primeira vez. Eu já estava com seis semanas de gestação.

No dia seguinte, Júnior e eu fomos até a irmã, diretora do colégio, para contar sobre a minha gravidez e esclarecer que, se o colégio não tivesse interesse em ficar comigo, não iríamos forçar nada. E que, se assim fosse, eu mesma pediria a minha demissão, pois não gostaríamos que nem ela nem ninguém achassem que a gravidez era pretexto para uma contratação definitiva.

E assim foi feito, após o término do meu contrato de experiência, saí do colégio.

Começaria aí a minha vida como fonoaudióloga, como sempre sonhei. Abri meu consultório e, em pouco tempo, já estava lotado de pacientes. A maioria deles era composta de crianças com problemas de linguagem oral e/ou escrita.

Minha vida estava perfeita: grávida, com o consultório lotado, um marido maravilhoso, uma casa, minha família toda com saúde e perto de mim. O que mais poderia querer?! Nada, pois tinha tudo o que um dia havia sonhado.

O sonho de uma vida: ser mãe! Uma mulher só é completa quando se torna mãe. Agora, eu me sentia completa!

Para mim, o ano de 2006 foi cheio de realizações e felicidades. Além de ter engravidado, concluí meus dois cursos universitários: Fonoaudiologia e Pedagogia. Em Fonoaudiologia fui a aluna laureada e, na monografia do curso de Pedagogia, tirei nota dez com louvor.

Na festa de formatura do curso de Fonoaudiologia ainda não havia engravidado, mas na colação de grau do curso de Pedagogia, eu já estava com cinco meses e meio.

***

No dia 27 de janeiro de 2007 senti o bebê mexer dentro da minha barriga pela primeira vez. Estava com quinze semanas e um dia de gestação. Eram 8h40 da manhã de um sábado, e estava assistindo à aula da pós-graduação. A sensação foi maravilhosa e emocionante! É algo que nem sei como descrever, acho que não há palavras no mundo que consiga retratar esse momento tão sublime na vida de uma mulher... sentir seu filho se desenvolvendo e mexendo dentro do seu ventre. Passei o resto da aula bem quietinha, para ver se o sentia novamente, e quando chegou a hora do intervalo, liguei para o Júnior a fim de contar a novidade.

Na véspera de realizar a ultrassonografia para saber o sexo do nosso filho, Júnior e eu começamos a escolher o nome de menino, pois, até então, só havíamos escolhido o nome de menina, que era Ana Beatriz. Assim, deitados na rede do nosso quarto, começamos a falar nomes de menino de que mais gostávamos. Eu gostava de João Pedro e Bernardo, mas o Júnior não gostou de nenhum desses, e sugeriu Miguel. Quando ele falou esse nome, algo tocou em mim, e na mesma hora concordei com a sugestão.

Na manhã do dia 3 de fevereiro de 2007, Júnior foi para a aula da pós-graduação e eu fui com minha mãe e meu pai ao hospital fazer a ultrassonografia, para saber se estava grávida da Ana Beatriz ou do Miguel.

Momentos de pura emoção e ansiedade! Como Júnior não podia faltar à aula, na hora do exame liguei para o celular dele, para que acompanhasse o exame pelo telefone e ficasse sabendo ao mesmo tempo que eu o sexo do bebê.

O médico que realizou o exame, Dr. Reginaldo, fez suspense para dar mais emoção. Ele me perguntou:

— Você já escolheu os nomes?

– Sim, já. Se for menina, irá se chamar Ana Beatriz e, se for menino, será chamado de Miguel.

Nesse instante, Dr. Reginaldo colocou uma setinha apontando para o órgão sexual do bebê e falou:

– Parabéns, mamãe... É o Miguel que vai chegar. Olhem aqui o genital dele! Vou até tirar uma foto especial para o papai colocar dentro da carteira e mostrar para os amigos.

Muito emocionante e inesquecível esse momento. Agora já não precisava mais chamá-lo de meu bebê, mas sim pelo seu nome... Miguel... A força de Deus... Um menino que desde o início de sua existência foi muito amado.

A cada exame feito, ficava mais tranquila em relação à saúde de Miguel. Rezava sempre pedindo a Deus que meu filho viesse ao mundo com muita saúde.

***

Aqui abro um parêntese para dizer algo: tenham cuidado com o que dizem, pois as palavras têm muita força, e essa força pode se manifestar de forma positiva ou negativa. Por experiência própria, digo a todos que do mesmo jeito que existe a bênção, há também a maldição. No momento em que uma pessoa lança, através de palavras, uma maldição, essa maldição pode se voltar contra quem a jogou, mas não atingi-la diretamente, e sim alguém que se ama muito e não gostaria de ver sofrer. Por isso, sempre que forem falar ou desejar algo para alguém, falem e desejem coisas boas!

***

Cada dia que passava, ia ficando mais feliz e ansiosa à espera do meu filho. A gravidez foi um momento mágico na minha vida. Curti bastante cada acontecimento e fase desse período tão maravilhoso.

***

A minha colação de grau do curso de Pedagogia ocorreu no dia 28 de março de 2007. Foi um dia muito especial para mim, não só por causa da formatura, mas porque nesse dia aconteceu algo muito emocionante. Eu estava com quase 24 semanas de gestação, e Miguel resolveu mexer bastante durante a cerimônia. Mexia tanto, que dava para ver através da túnica a barriga se movimentando. Foram movimentos diferentes dos que estava acostumada a sentir. Acho que foi nesse momento que ele se virou e ficou na posição correta de nascer.

A partir daí, passei a sentir seus chutes mais na parte superior da barriga, o sentia empurrando as minhas costelas. Quando fiz a ultrassonografia, foi confirmado o que já sabia: Miguel tinha se virado, e estava agora na posição de nascimento.

***

No meu primeiro Dia das Mães, eu estava com trinta semanas de gestação, e foi um momento de muita felicidade e realização!

***

Na madrugada do dia 14 de junho, comecei a sentir as primeiras contrações, acompanhadas de dores. Foi uma dor tão forte, que acordei assustada com o que estava sentindo e chamei o Júnior. Será que já era a hora de Miguel chegar?

Esperamos amanhecer o dia e, quando o relógio deu sete horas, liguei para tia Cê e disse a ela o que estava sentindo. Ela me passou uma medicação e pediu que eu ficasse de repouso em casa. Disse que, quando sentisse contrações, deveria tomar a medicação e, se após 45 minutos as dores não parassem, era porque não se tratava de contrações de treino, e sim das contrações para o parto. Estava, enfim, chegando o dia de ver o rostinho do meu filho.

***

No meu consultório estava tudo indo maravilhosamente bem. Estava com todos os meus horários lotados. Já não podia mais receber nenhum paciente novo. Sentia-me realizada profissionalmente. Também já tinha organizado tudo para o período da licença pós-parto. Uma fonoaudióloga amiga minha, Amanda Lemos, iria ficar atendendo meus pacientes durante esse período, mas com as terapias planejadas por mim.

***

No dia 1º de julho de 2007, Júnior e eu fizemos sete anos de casados. Eu estava com 37 semanas e 4 dias de gestação. Não pudemos celebrar como de costume, mas comemoramos pela primeira vez em família: eu, Miguel e Júnior.

Faltavam agora poucos dias para termos o nosso filho nos braços.

***

O grande dia chegou... Entrei em trabalho de parto às quatro horas da madrugada do domingo, dia 8 de julho de 2007. As contrações começaram e, conforme tia Cê havia me orientado, tomei a medicação e marquei a hora. Passada uma hora, as contrações continuavam presentes, então tive a certeza de que o grande dia havia chegado.

Assim que amanheceu o dia, ligamos para tia Cê e contamos sobre as contrações. Ela riu e disse:

– A hora então chegou! Tome banho com calma e vá para a maternidade. Nós nos encontraremos lá.

Ligamos também para nossas mães, afinal de contas, as vovós estavam ansiosas pela chegada do bebê.

Às nove horas chegamos à Promater. Tia Cê fez em mim aquele famoso e doloroso exame de toque e confirmou que realmente Miguel estava querendo vir ao mundo. Fui internada para esperar a evolução do processo até a chegada da hora do parto. Queria me submeter ao parto normal e estava preparada psicologicamente para isso.

Passei o dia todo no quarto tendo as contrações. Recebemos muitas visitas enquanto isso acontecia. O quarto ficou cheio de gente esperando a chegada do Miguel: vovó Nena, vovó Conceição, titia Gabi, titia Paty, Romero, Daniel, Marina, Rodrigo, Sydia, Marcelo, Marcela. Tia Cê não saiu de junto de mim em nenhum instante.

Patrícia filmava todos os acontecimentos e visitas com muita emoção. Amo assistir a esse vídeo até hoje... Choro todas as vezes em que revivo esse momento tão especial e mágico.

Como não tive dilatação suficiente, às 23h14 fui levada ao centro cirúrgico para iniciar uma cesariana. Júnior e Patrícia foram comigo. Patrícia ficou responsável pela filmagem, e Júnior, pelas fotos. Ele tentava ao mesmo tempo me deixar calma e me confortar.

Já na sala de parto, consegui me acalmar um pouco, pois tia Cê e Júnior conversavam comigo enquanto esperávamos a chegada da anestesista. Quando esta chegou, foi dado início ao parto. Para mim, foi muito reconfortante saber que era minha tia que o estava realizando.

Durante o parto passei mal, enquanto faziam a incisão em minha barriga, o que me ocasionou vômito. Era uma sensação estranha, não sentia dor, mas sentia uma movimentação na minha barriga que me deixou enjoada.

Assim, às 12h15 de uma segunda-feira, dia 9 de julho de 2007, pesando 3,490 kg e medindo 47 cm, nasceu meu bebê.

Não há palavras para descrever o que senti na hora em que vi, pela primeira vez, o rostinho do meu filho Miguel.

A pediatra que estava na sala de parto, Dra. Nívia, fez os procedimentos necessários em Miguel, e logo depois o levou para junto de mim. Ele chorava muito, mas, quando foi colocado junto de mim e ouviu minha voz, acalmou-se e parou de chorar.

Esse é o momento mais maravilhoso e mágico na vida de uma mulher: ver e sentir pela primeira vez seu filho. É como a música "Olhares", do meu amigo e conselheiro Pe. Zezinho:

> O terceiro olhar mais lindo deste mundo
> é o da mulher que espera o filho concebido
> É quase tão bonito como os olhos de Deus
> que não tem olhos, mas é lindo o seu olhar
> O terceiro olhar mais lindo deste mundo
> é o da mulher que espera a hora de gerar
> O segundo olhar mais lindo deste mundo
> é o da mulher olhando o seu recém-nascido
> É quase tão bonito como os olhos de Deus
> que não tem olhos, mas é lindo o seu olhar
>
> O segundo olhar mais lindo deste mundo
> é o da mulher olhando o seu filho que nasceu
>
> O primeiro olhar mais lindo deste mundo
> é o do bebê olhando a mãe apaixonada
> É quase tão bonito como os olhos de Deus
> que não tem olhos, mas é lindo o seu olhar
> O primeiro olhar mais lindo deste mundo
> é o do bebê olhando os olhos de sua mãe...

Depois de passado esses minutos mágicos do primeiro encontro entre mãe e filho, Dra. Nívia conversou comigo sobre o estado de nascimento de Miguel. Disse-me que ele tinha nascido muito bem, que sua avaliação era muito boa, e que a única coisa que tinha notado era o pezinho direito torto, mas que isso poderia ser apenas por causa da posição que ele havia ficado na barriga, ou até ser o real pé torto congênito.

Logo após, ela o levou para o berçário. Júnior o acompanhou e Patrícia ficou comigo na sala de parto.

Pareceu uma eternidade aqueles momentos enquanto esperava tia Cê terminar a cirurgia para que eu pudesse ver novamente meu filho.

Fiquei pouco tempo na sala de recuperação e logo me levaram para a suíte.

Miguel e eu, enfim, estávamos juntinhos. Por causa do parto, não podia levantar cabeça, assim, a posição de amamentar pela primeira vez foi desconfortável, mas consegui. Ele se mostrou bastante guloso desde a primeira mamada. A enfermeira técnica, Lidiane, foi quem o colocou em meu peito para a primeira mamada. Ela foi uma pessoa que conquistou os nossos corações ao longo desta história, por causa de sua competência, dedicação e carinho para com o nosso filho.

Quando amanheceu o dia, tia Cê chegou à maternidade e foi me ajudar a amamentar mais uma vez e, depois, me colocou para caminhar um pouco. Durante essa tentativa de me colocar para caminhar, passei mal. Minha pressão baixou e vomitei. Estava fraca, afinal de contas foram muitas horas em trabalho de parto e sem poder comer. Por isso, tia Cê me ajudou a tomar banho e pediu que trouxessem o café da manhã para mim.

Depois do banho e de comer, comecei a me sentir bem melhor e mais forte.

Agora, estávamos esperando a visita da ortopedista, a Dra. Tábata, para termos um diagnóstico mais preciso sobre o pé torto de Miguel. Sentia-me apreensiva, porém nada exagerado. Percebi que quem estava mais preocupada com o pé do bebê era a minha sogra. Obsevei que, por causa disso, ela não conseguia relaxar e aproveitar o neto que acabara de nascer. Mas entendo que cada pessoa reage de uma maneira diferente ao enfrentar um problema.

Dra. Tábata veio ver Miguel no final da tarde do dia 9. Examinou-o por inteiro, e não apenas seu pé direito. Explicou-nos que se tratava mesmo do chamado pé torto congênito, e que para isso existia tratamento. Ela falou que esse tratamento consistia em colocar gessos na perna afetada, semanalmente, para a correção da postura do pé, e que após seis ou sete semanas do tratamento, com as trocas dos gessos semanais, poderia ser necessário realizar uma cirurgia para cortar o tendão de aquiles, colocando-se então o último gesso, que ficaria por três semanas, sem trocas.

Gostei muito da Dra. Tábata, da sua consulta e da forma delicada com que nos explicou tudo o que precisaria ser feito.

***

Chegamos a nossa casa na quarta-feira, 11 de julho, dia do aniversário do padrinho Daniel.

A primeira semana após o nascimento de Miguel foi um pouco difícil... Precisava aprender a ser mãe. Sentia muitas dores decorrentes da cesariana e também na coluna, além de ter prisão de ventre. E até o dia 13, tive muita dor para amamentar.

Miguel sentia um desconforto que não sabíamos definir o que era, ele chorava muito e só se sentia melhor no colo.

Hoje fico pensando em quanta dor ele deveria sentir, para chorar daquele jeito... E a gente sem saber o que era.

***

Com uma semana de nascido, dia 16 de julho, lá estávamos nós no Hospital Papi para a primeira consulta com a Dra. Tábata, em que ela colocaria o primeiro gesso na perna direita de Miguel. Foi um momento difícil, pois Miguel chorava muito.

As fezes de Miguel eram muito líquidas e em grande quantidade, e sempre vazava da fralda (isso era devido ao problema intestinal, que ainda desconhecíamos), por isso tivemos que ter o maior cuidado para não sujar o gesso. Assim, colocávamos um pedaço de plástico filme para envolver a parte superior do gesso.

Minha mãe ficou em casa por onze dias para me ajudar nos cuidados com o bebê. Fiquei muito insegura quando ela foi embora, não me sentia preparada para ficar só. Tinha medo de tudo, e me sentia muito angustiada quando Miguel chorava sem parar.

Miguel já dava sinais de ter algum problema, porém todos eles eram camuflados por atitudes normais de bebês de sua idade. Ele se mostrava bem guloso, mamava muito, e também golfava bastante após mamar. Mas achávamos que era normal, uma vez que mamava muito, seria natural ele colocar para fora o que ingeriu a mais. Ele chorava muito de dor, mas as pessoas e o pediatra diziam que eram gases, e que isso era normal nesse período. As fezes dele eram em grande quantidade e líquidas demais, no entanto diziam que também era por conta do aleitamento em demasia. Outro indício, que também fora associado à amamentação, era que a barriga dele estava sempre grande e distendida.

Com quinze dias de nascido, estava trocando a fralda dele de madrugada (por coincidência na mesma hora em que ele nasceu), quando caiu o seu umbigo.

***

Na noite em que Miguel estava completando um mês de vida, ele vomitou em jato, e isso nos angustiou muito. Assim, Júnior e eu nos arrumamos e fomos para o pronto-socorro do hospital em que ele nasceu. Lá, a médica que nos atendeu nos deixou mais angustiados do que já estávamos. Infelizmente, existem médicos que não têm sensibilidade alguma ao falar e explicar algo a pais de primeira viagem.

Ela nos disse que Miguel poderia estar com meningite e que tínhamos que passar a noite toda o observando. E que no outro dia cedo o levássemos ao pediatra. Depois de lançar essa verdadeira bomba, ela chamou um cirurgião pediátrico, que estava na emergência, e pediu que também examinasse o Miguel. Mais uma vez faltou sensibilidade. O cirurgião olhou Miguel e apenas disse que, ao observar o choro dele, percebeu que

39

ele tinha frênulo lingual encurtado (língua presa) e que, por isso, quando estivesse com três ou quatro meses, o procurássemos no consultório para fazer uma cirurgia para "soltar" a língua.

Saí do hospital revoltada... como pode! Vou ao hospital porque meu filho vomitou, e uma médica diz que pode ser meningite, enquanto um cirurgião fala que meu filho vai precisar de uma cirurgia na língua.

Nem preciso dizer o quanto foi longa essa noite e o quanto ficamos angustiados. Passei a noite em claro, sentada na rede e com Miguel nos meus braços.

Quando amanheceu o dia, liguei para o pediatra de Miguel e falei o que tinha acontecido. Ele me pediu para levá-lo ao consultório.

Nessa consulta, lembro bem que o pediatra achou a barriga de Miguel bastante distendida, mas não se alarmou porque ele tinha mamado um pouco antes de entrar no consultório. O pediatra me acalmou em relação às asneiras que a médica da emergência tinha me falado na noite anterior. Então, fomos para casa tranquilos, achando que aquele vômito tinha sido um episódio único e sem maiores consequências.

Se o pediatra tivesse pedido naquele momento uma ultrassonografia para saber por que a barriga de Miguel estava tão distendida e o motivo do vômito, talvez essa história pudesse ter tido um desfecho diferente. Se o problema tivesse sido diagnosticado no início, muita coisa seria evitada.

***

O dia 12 de agosto foi o primeiro Dia dos Pais de Júnior com nosso Miguelzinho nos braços. Como ele tinha só um mês e três dias, apenas almoçamos na casa dos meus pais. Foi um dia muito agradável e tranquilo, diferente da maioria dos nossos dias nos últimos tempos.

CAPÍTULO 3

Admito que eu briguei com Deus
porque não respondeu
Quando eu lhe perguntei por quê;
ele, que tudo sabe, tudo pode, tudo vê,
parece que não viu, nem me escutou lá no hospital.
Admito que eu fiquei de mal!
(Pe. Zezinho, scj)

Era madrugada do dia 23 de agosto de 2007, e durante a noite Miguel não parou de chorar. Júnior e eu fizemos tudo o que era possível para que ele se sentisse melhor e dormisse, mas nada adiantou: remédio para dor, para gases, massagem na barriga. Balançamos ele na rede, no colo, e nada parecia melhorar seu desconforto e sua dor. O dia já amanhecia, quando finalmente adormeceu nos meus braços, tão cansado que estava de chorar, e assim dormimos por mais ou menos uma hora na rede.

Às seis horas da manhã, Júnior se levantou para ir ao trabalho, e, como era aniversário da minha mãe e algo me dizia (meu sexto sentido) para não ficar em casa sozinha, pedi a Júnior que nos deixasse na casa dela, para passarmos o dia.

Durante todo o processo pelo qual passamos, o meu sexto sentido de mãe (que chamo de aviso de Deus) me avisava e me orientava em tudo o que deveria fazer. Sempre que eu o obedecia, as coisas davam certo, mas, quando teimava e não o seguia, algo de muito ruim, mas que era evitável, acontecia.

Cheguei à casa de minha mãe sonolenta, pois tinha dormido pouquíssimo. Logo ela pegou o bebê do meu colo, demonstrando estar feliz por comemorar seu aniversário junto com seus netos. Entreguei a ela um presente: uma camiseta com uma foto de Miguel, dizendo: "Amo você, vovó!". Assim que viu a camiseta, seus olhos se encheram de lágrimas, que escorreram por seu rosto, e na mesma hora ela a vestiu.

Ficamos no terraço de sua casa. Começamos, então, a achar estranho porque, sempre que colocava Miguel no meu peito para mamar, ele logo em seguida vomitava, e também porque estava meio mole. Contudo não fizemos nada, ficamos apenas observando. Assim que terminamos de almoçar, fui até o quarto da minha mãe trocar a fralda de Miguel, e foi aí que percebemos que em suas fezes havia muito sangue. Nesse instante, corremos ao hospital para uma consulta com o pediatra.

Quando chegamos ao consultório do pediatra, mostramos a fralda de Miguel com o sangue e ele a examinou. Achou a barriga de Miguel distendida. Assim, solicitou que encaminhássemos a fralda para exame e que levássemos Miguel para fazer uma ultrassonografia abdominal em uma clínica. Logo que saímos do consultório, liguei para Júnior, que estava trabalhando, e falei a ele o que estava acontecendo. Pedi que corresse ao hospital para ir comigo e minha mãe levar a fralda até o laboratório e Miguel para o exame. Ele chegou bem rápido.

Nessa hora não sabia o que pensar, só pedia a Deus que nada de grave acontecesse com o meu filho. Estava com um nó na garganta, e tinha vontade de cair no choro, mas nesse momento ainda consegui me segurar.

Esse foi o início de muitos outros momentos aterrorizantes pelos quais passei.

Após deixarmos a fralda no laboratório, fomos rapidamente à clínica indicada pelo pediatra para realizar o ultrassom abdominal. Chegando lá, falamos com a atendente que o exame do nosso bebê tinha que ser realizado com urgência. Nessa hora, não consegui segurar mais o nó que estava preso na minha garganta. As lágrimas não paravam de descer em meu rosto!

Júnior me perguntou se eu queria dar Miguel para ele segurar, a fim de que pudesse me acalmar, entretanto não queria soltá-lo. Nesse momento comecei a sentir medo de perder meu filho e, por isso, queria ficar bem agarradinha com ele, como se meus braços fossem capazes de não deixar "ninguém" levá-lo de mim. Queria sentir seu corpinho fofo e cheiroso cada segundo que fosse possível. Eu o segurava com muita força, como um gesto de quem diz: ninguém vai levá-lo de mim; ele é meu filho, é um bebê e ainda tem muito a viver.

Tudo o que queria naquele momento era colocá-lo de volta em meu ventre, para protegê-lo contra tudo e contra todos! Mas infelizmente isso não era possível!

Lembro-me de que nessa hora uma mulher que também aguardava na recepção viu o nosso desespero, aproximou-se de minha mãe e começou a conversar com ela. Contou a história de seu filho, que manifestou uma doença a qual os médicos não conseguiram diagnosticar e que, depois de muito sofrimento e de ela e o marido rezarem bastante, de repente seu filho tinha se curado, sem que os médicos soubessem o que havia acontecido. Ela quis nos mostrar e dizer que para Deus nada é impossível e que, se rezássemos e pedíssemos com muita fé, ele nos atenderia. Assim, disse à minha mãe que não perdêssemos a fé nem deixássemos de rezar e crer em Deus.

Mas confesso que, por vezes, duvidei de Deus, duvidei de que realmente ouviria as minhas preces, duvidei de que estava verdadeiramente vendo o meu desespero, o meu sofrimento. Duvidei se realmente me estava levando em seus braços, como fala o poema "Pegadas na areia", de autoria de Mary Stevenson:

Uma noite eu tive um sonho...
Sonhei que estava andando na praia
com o Senhor
e no céu passavam cenas de minha vida.
Para cada cena que passava,
percebi que eram deixados dois pares
de pegadas na areia:
um era meu e o outro do Senhor.
Quando a última cena da minha vida
passou diante de nós, olhei para trás,
para as pegadas na areia,
e notei que muitas vezes,
no caminho da minha vida,
havia apenas um par de pegadas na areia.
Notei também que isso aconteceu
nos momentos mais difíceis
e angustiantes da minha vida.
Isso me aborreceu deveras
e perguntei então ao meu Senhor:
– Senhor, tu não me disseste que,
tendo eu resolvido te seguir,
tu andarias sempre comigo,
em todo o caminho?
Contudo, notei que durante

as maiores tribulações do meu viver,
havia apenas um par de pegadas na areia.
Não compreendo por que nas horas
em que eu mais necessitava de ti,
tu me deixaste sozinho.
O Senhor me respondeu:
– Meu querido filho.
Jamais te deixaria nas horas
de prova e de sofrimento.
Quando viste na areia,
apenas um par de pegadas,
eram as minhas.
Foi exatamente aí,
que te carreguei nos braços.

Então, após alguns minutos, fomos chamados à sala do exame. Minha mãe não quis entrar e ficou nos esperando na recepção. Queria muito que ela entrasse, pois eu estava sofrendo tanto que, para recarregar minhas forças, precisava ser um pouco filha novamente e ter um pouquinho de "colo" de mãe. Mas, em meu egoísmo, não percebi que ela também estava sofrendo muito e que seu sofrimento era dobrado, pois sofria em ver o neto e a filha passarem por tudo aquilo. Ela também estava precisando recarregar as forças!

Passei mais de uma hora com meu filho deitado na cama, chorando e vomitando, enquanto o médico realizava o exame. Ele fazia "caras e bocas" e não nos dizia absolutamente nada! Chamou outro médico para ver e discutir sobre o exame que estava realizando. Eles não estavam entendendo o que as imagens revelavam. Júnior e eu não parávamos de chorar, e Miguel, a essa altura, tinha adormecido de tanto chorar. Foram longos minutos esses na sala do exame... Milhares de coisas me passavam pela cabeça, mas nenhuma chegou aos pés da gravidade do problema que íamos enfrentar nos próximos meses!

Os médicos, após discutirem sobre as imagens que o ultrassom mostrava, resolveram ligar para o pediatra de Miguel e conversar com ele, a fim de chegarem a um diagnóstico. Logo o pediatra me ligou e disse que fôssemos para casa com Miguel, que o que ele tinha era uma intolerância à lactose e que, por isso, não deveria mais ingerir nada que tivesse leite ou seus derivados.

***

Desde pequenos aprendemos na escola que o ciclo da vida consiste em nascer, crescer, envelhecer e morrer. Aprendemos isso, mas, na verdade, não aceitamos quando a morte chega, por exemplo, no início da vida... a morte e as doenças são mais bem aceitas quando ocorrem na velhice, e não na juventude, e muito menos na infância, porém, independente da nossa idade, o nosso corpo está sujeito a doenças e à morte.

Foi isso que senti: medo de os médicos fracassarem, medo da interrupção da vida do meu filho, que acabara de nascer, medo de que fosse da vontade de Deus levá-lo embora, de volta ao céu. E esses medos me levaram a um sofrimento muito grande e também a "brigar" com Deus.

***

Algo me dizia (meu sexto sentido) que meu filho não tinha só isso, então falei ao Júnior que não queria ir para a nossa casa, e sim para a casa da minha mãe. Assim que chegamos lá, Júnior nos deixou e foi ao supermercado para comprar coisas que eu pudesse comer. Enquanto isso, minha mãe e eu ficamos no terraço, com Miguel em meus braços. Ele começou a gemer de dor. Estava tão fraco que nem chorar conseguia mais. Então liguei para o pediatra e disse que tinha notado que Miguel estava piorando, mas ele me disse que observasse mais um pouco, que ainda não era o caso de levá-lo ao hospital.

Quando Júnior chegou, Miguel continuava a piorar, e defecou novamente, mas desta vez só saiu sangue no lugar das fezes. Nisso, ele mesmo resolveu ligar ao pediatra para dizer que queria que o examinasse outra vez. Assim, fomos correndo para o hospital. O desespero tomava conta do meu corpo novamente, e eu só conseguia chorar... O medo de perder meu filho tão desejado tomava conta do meu ser. Pedia a Deus: "Ajude-me, proteja meu bebê!".

Quando chegamos ao hospital, o médico o examinou e pediu um raio-x. Miguel continuava a vomitar, expelia um líquido verde. Após o exame, voltamos à sala do médico e ele chamou um cirurgião pediátrico e uma outra médica para examiná-lo também. O cirurgião disse que o quadro parecia ser de uma invaginação intestinal e que, portanto, teria que realizar uma cirurgia. Soltou essa bomba, virou as costas e foi embora, sem nem ao menos nos explicar o que isso significava, que riscos nosso filho corria.

Infelizmente, muitos médicos tratam os pacientes e suas famílias com uma frieza tão absurda, que parecem não perceber que estão lidando com seres humanos e que, como tais, são dotados de sentimentos.

A outra médica era a Dra. Aldenilde, médica da UTI neonatal do hospital. Depois que ela o examinou, perguntei-lhe o que meu filho tinha, se era grave, o que aconteceria com ele. Ela nos olhou e disse: "O caso é cirúrgico, mas tem jeito, não se preocupem... Fiquem calmos, tudo vai dar certo!". Essas palavras foram muito importantes para nós dois naquele momento tão desesperador. Deus abençoe essa grande médica, tão humana e sensível. Todos os médicos deveriam ser como ela.

Aliás, no curso de Medicina deveria existir, no mínimo, uma cadeira de psicologia da dor e do sofrimento, a qual ensinasse os médicos a agirem com humanidade diante dos pacientes e seus familiares.

Ligamos imediatamente para minha tia Cê (que, além de tia, é também minha médica ginecologista e obstetra) e pedimos que ela viesse correndo para o hospital, porque Miguel não estava nada bem e iria ter que passar por uma cirurgia.

Após isso, o pediatra internou Miguel na UTI e foi embora, deixando-nos lá, sozinhos! Disse que a médica da UTI neonatal iria cuidar dele e prepará-lo para a cirurgia, que seria realizada na manhã seguinte. Sentimo-nos abandonados nessa hora. Pois, afinal de contas, ainda não conhecíamos os médicos da UTI neonatal do hospital e queríamos que o pediatra de Miguel tivesse permanecido mais algum tempo na UTI acompanhando os procedimentos que estavam sendo realizados, a evolução do estado clínico de Miguel, e também nos informando sobre o que estava acontecendo, já que nesse momento não podíamos entrar na UTI. Mas era aniversário de um neto ou neta desse pediatra, e ele tinha pressa de ir à festa. Não preciso falar mais nada, não é?!

Tudo o que queria nesse momento era ter um controle remoto que me desse o poder de passar rapidamente por tudo o que estava ocorrendo, um controle remoto em que pudesse controlar tudo e todos os acontecimentos, igual ao do filme *Click*.

Logo todos começaram a chegar ao hospital: nossas famílias e minha tia Cê, que entrou correndo na UTI para ver o que estava acontecendo com Miguel. Nesse momento meu coração de mãe, que sentia estar batendo o mais acelerado possível, disparou ainda mais. Será que minha tia me traria boas notícias?!

Depois de um tempo lá dentro da UTI, que para mim pareceu uma eternidade, veio tia Cê dizendo que, quando colocaram a sonda da boca até o estômago de Miguel, havia saído muito líquido verde (os ácidos do estômago), que estava acumulado ali porque não conseguia passar pelo intestino. Ela disse que ele estava muito debilitado e que iria ficar acompanhando a evolução do quadro para ver se realmente seria melhor deixar a cirurgia para o outro dia de manhã ou se deveria realizá-la ainda naquela noite.

Não consigo nem descrever o que senti naquele momento, eram sentimentos tão fortes e ruins que não há palavras que possam descrevê-los.

Todos tentavam me acalmar, mas não conseguia parar de chorar desesperadamente... Na minha cabeça passava de tudo, inclusive o pensamento de perder meu filho tão amado e desejado. Acho que não aguentaria isso, morreria junto com ele... Passaria a ser uma morta-viva, pois não existiriam mais motivos para continuar a viver!

Tudo o que queria era fechar os olhos e, ao abri-los, descobrir que tudo não passava de um terrível pesadelo, mas, infelizmente, isso não era possível.

Então, olhei para cima, para o teto transparente do hospital, onde dava para ver o céu, e falei com Deus: "O que fiz de errado para merecer um castigo tão duro? Por que isso está acontecendo comigo? Por que me abandonastes, meu Deus? Sou cristã, tenho fé, rezo, sou caridosa... O que falta em mim?". Queria respostas, mas não as tinha!

Depois de muito chorar, a ponto de não aguentar mais de tanto soluçar, peguei o telefone e liguei para o meu conselheiro de fé: Pe. Zezinho. Em meio a meu choro, contei a ele tudo o que estava acontecendo e pedi que rezasse por Miguel, pois, do jeito que me encontrava, não tinha forças nem para rezar.

Ele, como padre sábio que é, e por me conhecer bem, me falou muitas coisas... Não me recordo mais de tudo, mas lembro que conseguiu confortar um pouco o meu coração de mãe tão sofrido.

Nesse ínterim, minha tia já havia voltado para a UTI, e meu marido tinha ido, junto com minha irmã, a nossa casa para pegar algumas coisas para o bebê e para nós, pois ainda não sabíamos o que iria acontecer. E, caso algo fosse necessário, já teríamos tudo de que precisássemos. Também estávamos tentando falar com a ortopedista de Miguel, a Dra. Tábata, para ela ir até o hospital retirar o gesso da perna dele. Muito atenciosa, ela chegou ao hospital rapidamente. Mais um exemplo de uma médica muito humana e que sabe como lidar de forma carinhosa com seus pacientes e sua família.

Do lado de fora da UTI, dava para ouvir meu filho chorar incessantemente. Isso me angustiava muito, sentia-me impotente ante a dor dele, sem nada poder fazer, nem ao menos vê-lo. Estava entregue nas mãos dos médicos e de Deus!

De repente, minha tia saiu de dentro da UTI e me chamou para entrar lá e ver se conseguia acalmar Miguel, que não parava de chorar. Gostei de ela ter me chamado, porque estava louca para vê-lo novamente; to-davia, ao mesmo tempo, fiquei com medo do que iria ver. Pedi a minha mãe que entrasse comigo na UTI, porque temia não ter forças para aguentar o que iria encontrar, porém ela não quis, pois também não se sentia em condições.

Minha tia disse que achava que Miguel, em vez de estabilizar-se, estava piorando e que, na opinião dela, a cirurgia deveria ser feita logo, pois temia que ele não fosse aguentar até o outro dia. Nesse instante, ela e eu entramos juntas.

Lá dentro, ela me explicou por que achava que não deveríamos esperar até o outro dia. Junto com ela havia ainda a Dra. Nívia (a pediatra que participou do parto de Miguel) e a Dra. Aldenilde. Olhei para elas e disse: "Façam o que tiver que ser feito, mas salvem meu filho. Confio na decisão da minha tia". Nisso, Tia Cê me levou para junto de Miguel.

Ele estava com uma sonda na boca, onde na ponta havia um saquinho que colhia um líquido verde que saía o tempo todo. Estava também com um acesso venoso e um monitor cardíaco ligado em seu pezinho. Tentei não olhar para essas coisas, pois a imagem era horrível. Comecei a cantar algumas músicas para tentar acalmá-lo, e disse a ele que estava ali para protegê-lo e que o amava muito.

Ele devia estar sentindo muita dor e medo, pois não parava de chorar. Tentei me manter forte, mas não consegui: caí no choro também. Por que Deus estava permitindo que meu bebezinho sofresse tanto? Por que meu filho tinha que passar por isso?

Mil perguntas vinham a minha cabeça nessa hora, e isso é comum para quem passa por uma provação muito grande... E comigo não foi diferente, eu me perguntava o tempo todo o porquê daquele sofrimento. Mas hoje posso dizer que essas perguntas além de inúteis são prejudiciais, pois, por mais que eu tivesse uma resposta, esta jamais mudaria o que estava acontecendo. Tais questões só me deixaram mais deprimida e chateada com Deus.

Depois de indagar a mim mesma repetidamente essas perguntas inúteis e de muito sofrer com elas, foi que decidi não mais me prender a elas, a modificá-las, usando-as para dar um outro sentido ao que estava vivendo. Contudo isso não foi um processo fácil, nem muito menos rápido, tendo em vista que passei um bom tempo até conseguir chegar a esse estágio de minha evolução como ser humano.

Enquanto tentava acalmar meu filho, via minha tia para lá e para cá dentro da outra sala da UTI, tentando falar com o cirurgião e sua equipe para virem fazer a cirurgia de Miguel. Via que ela estava tentando manter a calma para me passar segurança, mas percebi o quanto estava angustiada e preocupada.

Saímos da UTI por um instante e liguei para que o Júnior viesse depressa ao hospital, porque Miguel iria ser operado, e também para minha tia comunicar a todos que estavam lá fora que já havia falado com os médicos que iriam participar da cirurgia de Miguel.

Depois, fiquei sabendo que meu irmão Daniel lembrou minha mãe de que se deveria fazer o batismo de emergência de Miguel, para que ele deixasse de ser pagão antes da cirurgia, caso não resistisse e morresse. Então, minha mãe veio até mim e me falou para entrar novamente na UTI e batizar Miguel.

Voltamos para dentro da UTI, então vi minha tia pegar um pouco de água da torneira em suas mãos e se aproximar de Miguel para batizá-lo. Nesse momento me passou pela cabeça: "Será que temos que batizá-lo dessa maneira, será que isso significa que ele vai morrer?". Abracei minha tia, nós duas chorávamos muito. E ela batizou-o com as seguintes palavras: "Miguel, eu o batizo em nome do Pai, do Filho e do Espírito Santo.

Amém". E fez o sinal da cruz na sua cabeça, derramando-lhe um pouco daquela água. Meu filho agora era um cristão!

Logo o cirurgião e sua equipe chegaram. Ele entrou na UTI para examinar Miguel. Em seguida, chamou-me para explicar que de fato a cirurgia precisava ser realizada rapidamente, pois havia indícios de invaginação intestinal e, a cada minuto que se passava, Miguel estava ficando mais debilitado. Então falei a ele: "Faça o que tem que ser feito, mas salve meu filho!".

Desde o início desse pesadelo, Miguel mostrava-se forte, brigando por sua vida. Seus olhos me passavam isso. Era tão pequeno e já tinha que lutar para conseguir sobreviver. Isso era algo que doía não só na minha alma e no meu coração, como também no meu corpo. Quando o sofrimento é grande demais, o corpo reage na tentativa de minimizá-lo, e por isso, às vezes, sentia dor na coluna, em outras, tinha falta de ar. Ocasionalmente doía o corpo todo.

Enquanto o cirurgião foi se preparar para a cirurgia, eu e tia Cê saímos para explicar a todos o que o médico havia dito. Logo depois, tia Cê entrou e também foi se preparar para acompanhar a cirurgia. Depois disso, não pude mais entrar na UTI. Fiquei no terraço do hospital com amigos e familiares. Não conseguia parar de chorar... As horas demoravam a passar! Nisso me levaram até a casa de um casal amigo, Everton e Mariana, que ficava ao lado do hospital, para que tomasse um banho e tentasse me acalmar um pouco. Confesso que não me acalmei, mas, pelo menos, saí por alguns minutos do ambiente hospitalar.

Ao chegar à casa desses amigos, fui tomar banho e o Júnior ficou explicando a eles o que estava acontecendo. Deixei a água quente caindo sobre minha cabeça e se misturando às minhas lágrimas. Tentei parar de pensar no que estava acontecendo por alguns minutos, mas não consegui. Tentei, então, respirar mais vagarosamente para ver se controlava o meu coração, que batia aceleradamente, mas também foi inútil.

Voltamos para o hospital. Júnior e eu ficamos abraçados o tempo todo, na tentativa de passar forças um para o outro, se é que isso era possível diante do estado emocional em que estávamos. Tudo o que queria naquele momento era que os médicos saíssem da sala de cirurgia e dissessem que o Miguel estava curado e que poderia voltar para casa.

Minha mãe tentava fazer com que eu comesse, mas não conseguia. Só queria cheirar a fraldinha de pano do meu filho, na tentativa de ter um pouquinho dele comigo, e chorar. As lágrimas escorriam pelo meu rosto descontroladamente.

Meu coração ora parecia que ia sair pela boca, de tão disparado, ora parecia que ia parar de bater, de tão apática que eu estava. Foram sentimentos horríveis, que não desejo nem ao pior dos seres humanos.

Comecei a defrontar-me com meus limites de mãe e de ser humano. Sem nenhum aviso, vi-me vivendo uma situação que nunca havia imaginado: o risco de perder meu filho tão desejado e amado. Não podia fazer nada por ele naquele momento, estava de mãos atadas, dependendo dos médicos e da vontade de Deus. A única coisa que poderia fazer era rezar e pedir a Deus que o curasse, mas nem para isso encontrava forças. Então, pedia às outras pessoas que o fizesse por mim.

Chorei tanto que por alguns minutos cheguei a dormir no sofá que tinha na frente do vidro da UTI, de tão grande que era o cansaço.

Já era perto da meia-noite, quando tia Cê e o cirurgião saíram do centro cirúrgico. Assim que os vimos, corremos para ouvir o que tinham a dizer. O que Miguel tinha não era uma invaginação intestinal, como o cirurgião tinha achado no exame anterior à cirurgia, e sim uma obstrução intestinal ocasionada por bridas congênitas. Eles nos explicaram tudo com detalhes, mas não me deixaram vê-lo mais naquela noite. Disseram-me para ir para casa e só voltar no outro dia, depois das nove horas da manhã.

**

Foi difícil chegar em casa sem meu bebê nos braços, foi difícil passar pela porta do quarto dele, que foi preparado com tanto carinho, e vê-lo vazio. Como poderia dormir sabendo que meu filho estava internado em uma UTI, depois de ter passado por uma cirurgia? Perguntava-me como ele estaria. Será que estava sentindo dor? Será que estava chorando? Será que estava sentindo a minha falta? Quantas dúvidas e medos! Dormir, só a base de calmante.

A noite foi longa e dolorosa. Não sabia qual seria o futuro do meu filho, não sabia nem mesmo qual seria o meu futuro! Muitas coisas passavam em minha cabeça, sentia muito medo de perdê-lo, medo de sentir uma dor ainda maior.

O dia amanheceu, o despertador tocou, e me sentia tão derrotada que nem queria acordar, preferia entrar no sono eterno e juntar-me ao Pai! Entretanto, se não acordasse nunca mais, quem iria cuidar do meu bebê que estava tanto precisando de sua mãe?

De repente, percebi que agora não era mais só filha, que não era mais só responsável por mim mesma.

Agora era mãe, e mãe de um lindo bebê que estava doente, internado em uma UTI e precisando do amor incondicional de sua mãe.

Ser só filha é mais fácil, mas ser mãe é um prazer imensurável! Agora já tinha descoberto o verdadeiro significado da frase: "ser mãe é padecer no paraíso!". Conheci o paraíso no momento do nascimento do meu filho, e senti o que realmente é padecer ao vê-lo doente, internado em uma UTI e tendo a vida em risco.

Quando estamos diante do sofrimento de um filho, percebemos o quanto o amamos e o quanto esse amor é forte, sólido, verdadeiro e incondicional, tornando-nos capazes de fazer sacrifícios concretos, a ponto de, se possível, darmos a nossa vida para salvar a dele. O amor por um filho extrai o que temos de mais puro no nosso ser. Para mim, o amor de mãe é semelhante ao amor de Deus. Ele nunca se acaba, independentemente da situação. É incondicional e capaz de tudo. Ser mãe, enfim, é uma dádiva de Deus, e é por isso que a mulher é um ser tão especial da criação divina.

Quando me levantei, senti os meus seios cheios de leite, doendo muito. Era a primeira noite sem meu bebê, era a primeira noite que não o amamentava. Peguei o desmamador, retirei o leite e guardei em um frasco no congelador, para quando Miguel precisasse. Eu me sentia uma mãe derrotada! Não sei o que seria de mim, se não tivesse a meu lado um marido tão generoso, compreensivo e companheiro. Júnior me apoiou e me deu forças mesmo quando nem ele as tinha. Agradeço a Deus todos os dias pelo marido que tenho!

Arrumamo-nos e fomos ao hospital. No caminho de casa até lá, Júnior e eu não trocamos uma palavra. A tristeza e o medo tomavam conta do nosso ser, mas eu tentava sempre lutar contra esses sentimentos, para que eles não acabassem comigo. Meu filho precisava de mim por inteiro a seu lado.

Quando lá chegamos, fomos à porta da UTI, nos identificamos e pedimos permissão para entrar. Entramos, passamos pelo ritual de retirar os anéis e alianças, pela lavagem das mãos e ouvimos as regras de permanência da UTI. Logo após, fomos conduzidos até a incubadora onde estava o nosso tão pequenino Miguel.

Que imagem horrível aquela ao ver meu bebê todo cheio de fios, com sonda na boca, cheio de aparelhos que apitavam o tempo todo, sem poder colocá-lo em meu colo. Mesmo sendo a mãe, só podia pegar meu filho nos braços com a permissão de um médico ou enfermeira. A relação entre mãe e filho foi invadida, agora existiam outras pessoas entre nós dois. Tive que aprender a aceitar isso, pois agora não era mais eu quem sabia o que era melhor para meu filho, e sim os profissionais que ali trabalhavam. Alguns deles bem humanos, outros nem tanto.

Os médicos e enfermeiros deveriam saber se colocar no lugar dos pacientes e de suas famílias, assim, saberiam melhor como nos tratar e nos confortar nesses momentos de tanta dor e sofrimento.

Não estava preparada para ver aquela imagem... Minha pressão baixou e eu caí no choro! Quis sair correndo da UTI, precisava encontrar forças em algum lugar para poder encarar aquele momento. Precisava encontrar forças para ver meu filho tão debilitado naquela incubadora. Precisava que Deus me levasse em seus braços. Precisava ficar mais forte e parar de pensar em tantas perguntas inférteis que surgiam em minha cabeça... Onde Deus estava, para permitir que isso acontecesse com meu filho?! Nesse momento, só queria questioná-lo sobre o porquê de tudo aquilo, sobre que pecado tão grave havia cometido para merecer tamanho castigo.

Pedi a Júnior que me levasse para a casa da minha mãe. Não conseguia continuar ali vendo aquela situação. Necessitava do colo da minha mãe para chorar. Nesse momento, estava precisando ser um pouco filha e não mãe.

Após chorar muito e me acalmar um pouco no colo de minha mãe, chegou a hora de voltar ao hospital, de voltar a ser uma mãe forte e lutadora. Meu filho estava precisando de mim, do meu amor por ele, do meu carinho, da minha companhia...

E lá estava ele naquela incubadora, cheio de fios presos por todas as partes de seu corpo ainda tão pequeno, com um curativo na barriga no lugar da cirurgia... Tentei não olhar para os lados, mas isso foi impossível. As imagens dentro de uma UTI neonatal são horríveis. Um monte de bercinhos cheios de bebês, cada um com um aspecto pior que o outro, com fios por todo o corpo, um monte de aparelhos apitando a toda hora... Agora, meu filho e eu estávamos fazendo parte dessa realidade tão triste.

Com a permissão da enfermeira, abri a portinha da incubadora para tocar em Miguel, para dizer a ele que estava ali a seu lado e que tudo iria acabar bem. Acostumado a ficar em meu colo, e eu a tê-lo em meus braços, sofremos os dois com essa distância. Ele chorou e eu também!

UTI é, sem dúvida, o lugar mais horrível para se estar. Uma UTI infantil, ou neonatal, testa violentamente os limites humanos daqueles que a habitam diariamente, minuto a minuto. Ali são testados mães, pais, médicos, mesmo os mais experientes, fisioterapeutas, toda a enfermagem. Só permanece em uma equipe de UTI quem tem, acima de tudo, muito amor pelas crianças e muito equilíbrio e fé. Mães e pais, por falta de escolha (Miele, 2004, p. 95).

Meu marido ficou o tempo todo ao nosso lado, dando-nos apoio... Sem ele, não sei se teria conseguido suportar esses primeiros momentos de uma realidade tão cruel. O que ele mais dizia era que eu procurasse não chorar perto de Miguel, que me mostrasse sempre feliz, para transmitir-lhe somente sentimentos bons. Sabia que Júnior estava certo, e por isso tentei ao máximo fazer isso. Quando as lágrimas teimavam em descer pelo meu rosto, saía da UTI para chorar longe dele.

Miguel usava um fio no pé, ligado a um aparelho que media o tempo todo seus batimentos cardíacos, e também uma sonda orogástrica, para ficar drenando os ácidos do seu estômago, e um cateter (PIC) para a nutrição parenteral.

Meus seios estavam cheios de leite, mas não podia amamentá-lo... Sonhava em fazer isso novamente, afinal de contas a amamentação é o básico da nossa função materna. Função esta que eu estava impedida de exercer. Na amamentação havia uma troca de amor e carinho tão grande entre mim e Miguel... Senti falta disso. A amamentação cria uma forte união entre mãe e filho.

Nesse momento, um pertence ao outro, um depende do outro. No entanto, nessa situação, ele não era mais apenas meu, mas também dos médicos.

Pelas pequenas portinhas da incubadora conseguia acariciá-lo, cantava para ele as mesmas canções que estava acostumado a ouvir desde o meu ventre, falava de quanto o amava e de quanto era feliz por tê-lo como meu filho.

***

Alguns dias depois da sua entrada na UTI tive uma grande alegria. Estava ao lado do bercinho dele, acariciando-o como de costume, quando de repente a enfermeira Francis veio até mim e me perguntou se queria colocá-lo em meu colo. Meu sorriso se abriu na mesma hora, e Francis entendeu a mensagem imediatamente.

Quanta emoção senti ao tê-lo novamente em meus braços. Ainda estava um pouco assustada, sem saber direito como pegar meu filho no colo com todos aqueles fios, mas o instinto materno e de proteção, juntamente com a ajuda da equipe da UTI neonatal, foi me ensinando a segurá-lo da melhor forma possível. Em pouco tempo estava totalmente adaptada, e segurava-o com muita facilidade.

Ao ver isso, Júnior me olhou e disse: "Como é bom ver você sorrindo assim novamente!".

Naquele momento tudo parecia ter passado, tudo parecia que iria acabar logo, e que meu filho recuperaria a saúde em breve.

Um ato tão comum como colocar o filho no colo pareceu-me algo tão sublime, um momento inesquecível. Agradeço muito à enfermeira Francis por me proporcionar esse momento tão especial.

Abracei Miguel com todo o amor e carinho de mãe, queria que aquele momento se eternizasse. Sentir novamente, depois de tantos dias, o meu filho junto a mim foi algo marcante. Acalmou um pouco o meu coração de mãe.

Os dias foram passando e chegou a hora de tentar amamentá-lo novamente. Mais uma grande alegria... Meu filho iria voltar a mamar! Primeiro deram o meu leite através da sonda e, poucos dias depois, o colocaram no meu seio.

Não sei nem descrever o que senti ao amamentar Miguel novamente. Ele mamava e eu chorava de alegria, de emoção. E como ele estava guloso, não queria parar de mamar! Nessa hora parecia que tudo estava voltando aos seus devidos lugares e que logo, logo iríamos voltar para casa.

Era tão difícil voltar para casa, passar pela porta do quarto de Miguel e não vê-lo lá. O retorno para casa todos os dias à noite era uma tortura para mim. Sempre ficava imaginando se ele iria chorar, se iria sentir a minha falta, se passaria a noite bem, se algo de ruim poderia acontecer... Tantas questões passavam em minha mente!

Dormíamos com todos os telefones ao nosso lado, mas morríamos de medo que algum deles tocasse de madrugada, pois, se isso ocorresse, era porque algo de ruim teria acontecido com Miguel no hospital.

***

Agora tínhamos que esperar o intestino dele funcionar. Era só isso que faltava para o meu filho ter alta hospitalar... Esperávamos isso como quem espera o resultado da loteria ou de um concurso. Mas nada disso acontecia.

Certo dia, quando estava chegando na UTI, vi uma movimentação estranha... O cirurgião, Dr. Ulisses, iria realizar uma estimulação anal em Miguel. Contudo, quando o médico tirou a fralda dele, teve uma surpresa e não foi mais preciso fazer a estimulação. Houve uma comemoração geral dentro da UTI.

Finalmente chegou o dia de Miguel sair da UTI e ir para um apartamento. Era terça-feira, dia 4 de setembro... Que felicidade! Colocamos uma roupinha azul nele e um bonezinho, para esconder uma parte da cabeça que tinham raspado para puncionar veias. Ele ficou lindo!

Felicidade maior ainda foi quando, na quarta-feira, dia 5 de setembro, ele recebeu alta hospitalar. Finalmente, após catorze dias de internação e de tanto sofrimento, estávamos levando o nosso bebê de volta para casa. Deus seja louvado!

CAPÍTULO 4

"Doeu demais e, quando dói
do jeito que doeu,
a gente chora, grita e urra
e põe pra fora aquela dor.
E desafia o Criador e quem se mete a defendê-lo.
Comigo não foi diferente
do que foi com tanta gente
que perdeu algum amor."
(Pe. Zezinho, scj)

Chegamos em casa com Miguel, mas o meu sentimento não era só de felicidade e de alívio... Havia muito medo de Miguel ter alguma complicação e precisarmos voltar com ele para o hospital. Acho que era mais uma vez o instinto materno me avisando que a nossa caminhada em busca da saúde de Miguel estava apenas começando. Pressentia Deus me avisando que as coisas ainda não estavam bem, e, por isso, me sentia muito angustiada.

Diante desse pressentimento de que algo iria acontecer, não queria ficar sozinha em casa com Miguel, pois achava que algo de ruim iria acontecer exatamente quando estivesse sozinha com ele. Por isso, ou minha mãe ficava comigo ou o Júnior.

***

Era sábado, dia 8 de setembro, véspera de ele completar dois meses de vida. À tarde iríamos receber a visita de tia Cê e de Ziza, então resolvi enfrentar o medo que estava sentindo, deixar de lado o que meu sexto sentido estava me dizendo, e pedi que Júnior fosse comprar bolo e refrigerante em um local perto de casa. Assim, ele demoraria no máximo quinze minutos para voltar.

Como eu temia, assim que Júnior saiu de casa, Miguel começou a vomitar, em forma de jato, um líquido verde... Fiquei desesperada! Não sabia se acudia Miguel, ou se ligava para Júnior voltar depressa. Segurei Miguel em uma posição em que ele não se engasgasse com o vômito e, com a outra mão, liguei para o Júnior. Ele voltou o mais rápido possível. Mudei de roupa, pois estava suja, enquanto Júnior trocava Miguel. No caminho para o hospital liguei para a minha mãe, contei o que estava acontecendo, e pedi que ela avisasse para tia Cê ir urgentemente ao hospital.

Novamente estávamos no hospital com o nosso filho. Entramos direto no setor de Urgência e solicitamos o comparecimento de um dos médicos da UTI neonatal para reavaliar Miguel. Meu desespero era tão grande, que hoje não me recordo qual o médico que examinou Miguel nesse dia. O que me lembro bem é de que o levamos para tirar uma radiografia e, depois disso, fomos novamente para um apartamento do segundo andar do hospital.

Miguel não parava de vomitar. E, depois de instalados, o médico da UTI entrou em contato com o cirurgião, Dr. Ulisses, para comunicar o ocorrido e pedir que ele viesse examiná-lo. No entanto, Dr. Ulisses estava viajando, e por isso indicou que o hospital entrasse em contato com outro cirurgião, o Dr. Limírio.

Até a chegada de Dr. Limírio, conseguimos que Miguel se acalmasse um pouco e parasse de chorar e vomitar. Fiquei quase imóvel com ele em meus braços para que não acordasse.

Minha mãe, minha irmã Gabi e tia Cê estavam lá conosco. Todas tentando tranquilizar Júnior e eu, mas sempre sem fazer barulho para não acordar o bebê, pois havia demorado muito a se acalmar e dormir. Pouco tempo depois, chegou uma tia de Júnior, mas ficou pouco tempo, pois pedi que ela não conversasse dentro do quarto para não acordar Miguel. Mas ela não compreendeu meu pedido, interpretou-me mal. Pena... Ela ainda não havia entendido que o problema era sério demais para picuinhas e que ali eu era como uma leoa, pronta a tudo para minimizar o sofrimento do meu filho.

Já era noite quando o Dr. Limírio chegou para examinar Miguel, e o que mais temia aconteceu... Miguel estava passando por outra obstrução intestinal e, por isso, deveria ser operado novamente.

O médico achou melhor que ele ficasse internado na UTI novamente e que recebesse mais uma transfusão de sangue durante a noite, para que, no outro dia pela manhã, fosse submetido à cirurgia. Entrei em desespero mais uma vez, e não conseguia parar de chorar.

Novamente estava sentindo na pele o medo de perder o meu bebê tão amado e desejado! Achei que iria morrer naquele mesmo instante, achei que meu coração não fosse mais desacelerar, até parar de uma vez. Juro que naquela hora o meu desejo era morrer para parar de sofrer tanto... Sim, eu desejei morrer! Mas, entre todos esses sentimentos ruins, vinha também à minha cabeça a imagem do meu lindo filho. E quem cuidaria dele, se eu morresse? Se ele, tão pequeno e frágil, estava aguentando e lutando pela vida, que direito tinha eu de me entregar? A força de Miguel refletia a minha fraqueza, mas me ensinava a viver, me ensinava a ter coragem e forças para seguir em frente.

Um filho na UTI

É normal que, ao passar por um grande sofrimento, a gente se desespere. O desespero é uma resposta do corpo à dor que a nossa alma, o nosso ser está sentindo. Mas o desespero não precisa ser definitivo, muito pelo contrário, deve ser transitório. E para que assim seja, é importante ter a família e os amigos por perto, são eles que vão nos ajudar a sair do fundo do poço. Isso não significa que iremos parar de sofrer, mas apenas que voltamos a administrar o nosso sofrimento e, consequentemente, a nossa vida. E foi exatamente o que aconteceu comigo. Diante do sofrimento, entrei em um momento de desespero, e desse momento de desespero um pensamento ruim e inútil veio à minha cabeça por alguns instantes. No entanto, com o apoio da família e de amigos, consegui controlar-me e vi que ficar desesperada e pensar em bobagens não iria mudar nada.

Novamente estava vivendo um sofrimento que estava além do que considerava meu limite. Naquele momento não sabia como lidar com o que sentia, meu coração estava sangrando, me sentia impotente. E não há nada pior do que a impotência de não poder ajudar um filho.

Mas em um momento como esse, por mais difícil que seja, devemos pensar conforme a letra da música de Pe. Zezinho: "E quando se esgotarem as palavras, e quando não deu certo o que era humano, e quando se esgotarem os recursos e já não adiantar nenhum discurso, e quando eu tiver feito o que é possível, e quando fazer mais for impossível, então descansarei bem mais tranquilo, então meu coração se lembrará. Confia no Senhor, confia no Senhor, procura o ombro dele, que é Pai... O que não conseguiste, Deus conseguirá".

E assim tentei fazer, por mais que estivesse com raiva de Deus. Entreguei nas mãos dele a saúde e a vida do meu filho.

Já era tarde da noite, quando mais uma vez voltamos para casa sem nosso filho. Tomei um comprimido para passar a noite e esperar o outro dia chegar.

***

Manhã do dia 9 de setembro de 2007. Meu filho estava completando dois meses de vida. Para muitas outras famílias, esse momento é de festa e alegria. Mas conosco foi diferente. Chegamos ao hospital bem cedinho, para vermos Miguel ainda antes da cirurgia. Beijei muito suas mãozinhas pela portinha da incubadora, chorei... Tentei rezar.

Mais uma vez, fiz em silêncio perguntas inférteis: perguntei a Deus o que de tão grave tinha feito para merecer tamanho castigo e disse que, se alguém tinha de sofrer, que esse alguém fosse eu, e não meu filho. Júnior tentava me acalmar, mas eu estava inconsolável. O cirurgião chegou e nos chamou para conversar. Disse-nos que, dependendo do que ele visse durante a cirurgia, teria que deixar uma parte do intestino de Miguel para fora do abdômen, para que ele se recuperasse melhor e a obstrução não ocorresse novamente.

Mais uma vez, lá estava a minha tia Cê, salvadora da vida de Miguel, para acompanhar a cirurgia. Nem preciso dizer quanta coisa uma mãe consegue pensar durante a cirurgia de um filho...

Mais uma vez tentei rezar e pedir a Deus que o que o médico nos disse não se concretizasse, mas o pior aconteceu! Miguel saiu da sala de cirurgia com um terço a menos de seu intestino. Foram retirados cerca de 12 cm do seu jejuno e feita uma iliostomia. Essa cirurgia durou mais de três horas. Ao retornarem com Miguel para a UTI, vi-o nesse estado. Ele ainda estava um pouco desacordado por causa da anestesia, com parte do intestino para fora, e muito pálido, apesar de ter recebido transfusão de sangue.

Enquanto estava na UTI ao lado de Miguel, Júnior percebeu que minha tia Cê estava chorando. Ele foi até ela perguntar se sabia de mais alguma coisa sobre o estado de Miguel, mas disse que não, que estava chorando por ver seu sobrinho-neto, tão pequeno, já sofrendo tanto daquele jeito. Mas depois ela me confessou que naquele momento estava chorando porque acreditava que Miguel iria morrer, que não iria suportar tamanha agressão a seu corpo. Disse-me que o cirurgião havia dito a ela, ainda dentro da sala de cirurgia, que o caso dele era muito grave e que não sabia se ele iria suportar, mas, na época, minha tia não falou nada para nós. Apenas ligou para nossa família em Recife e avisou a todos da gravidade do estado de Miguel, e disse que se preparassem para vir a Natal me dar apoio no caso de ele morrer.

Os médicos não acreditavam que meu filho fosse viver, pois a medicina tem seus limites, mas Deus não tem limites, e ele cura e salva vidas.

Como diz Maria Julia Miele:

> é muito difícil ter um filhinho mantido numa UTI. São momentos solitários, nos quais você tem de aprender a lidar com seus limites, sua impotência, seu egoísmo, além de tentar determinar sinceramente até onde você é capaz de ir. (...) É conviver com a impotência, sem poder fazer muito. É ser obrigada a permitir que outros façam por seu filho aquilo que tem que ser feito, quer gostemos ou não gostemos. É aceitar interferências a qualquer hora e o tempo todo, é viver a constante invasão no universo fe-

chado entre a mãe e o bebê. (...) A UTI é um lugar tenso: não adianta tentar adivinhar, você nunca sabe o que vai encontrar. É um lugar dinâmico: a cada dia pode-se deparar com um caso novo, ou com mais um berço vazio, sem explicações (2004, p. 71).

Nesse momento estava vivendo no limite entre a sensatez e a loucura, de tão grande que era meu sofrimento. Precisei muito da ajuda da minha família, dos meus amigos, do meu conselheiro Pe. Zezinho. O medo de ficar sem meu filho e o sofrimento gerado por esse medo me fizeram, por um momento, perder a fé, brigar com Deus, mas logo, com a ajuda de todos, decidi sair do papel de mãe que apenas sofre, para o de mãe que sofre, mas que luta também.

Meu momento de luto por meu filho e por mim passou, agora tinha decidido que meu papel não era mais apenas o de sofrer, mas sim o de lutar e amar meu filho mais e mais, cada dia mais, e acreditar que meu amor por ele era capaz de curá-lo, com o consentimento de Deus.

Impossível não sofrer em uma situação como essa, porém não podemos nunca deixar o sofrimento amarrar nossas mãos, não podemos deixar o sofrimento nos cegar, não podemos deixar o sofrimento nos deprimir até a morte, nem muito menos abalar a nossa fé em Deus.

Os momentos em que teríamos todos os motivos para desistir devem ser transformados em impulsos para novas iniciativas, basta somente os enxergarmos de uma nova perspectiva, de uma forma positiva. E é assim que podemos minimizar os efeitos dos sofrimentos que atingem nossos limites como seres humanos.

Confesso que briguei com Deus, mas que também acabei me consolando no colo dele.

Meu filho agora estava com parte do intestino para fora do abdômen, e, por causa disso, precisava usar uma bolsa para o acúmulo dos ácidos e líquidos que sairiam do estômago e início do intestino. Nenhuma enfermeira do hospital sabia colocar essa bolsa nele, e por isso precisávamos procurar alguém de fora do hospital que soubesse e que viesse até a UTI para fazer isso. Encontramos a enfermeira Fátima, especialista em estomias. Pagávamos a ela cada troca de bolsa, que era necessária de dois em dois dias. Júnior sempre ficava junto à enfermeira para auxiliá-la, mas nunca tive coragem o suficiente para isso. Nesses momentos me sentia fraca, e peço perdão a Deus e ao meu filho por essa minha fraqueza.

Ver o corpo do meu bebê mutilado daquela maneira estava acima das minhas forças. Mas Júnior, como um pai forte e carinhoso, ficava ao lado de Miguel auxiliando a enfermeira e dando o carinho e a calma necessários ao nosso filho. Depois de poucos dias, ele já sabia executar esse procedimento sozinho, e era a enfermeira quem o auxiliava. Portanto, dor e sofrimento foram transformados em ação.

Nesse período os médicos deixaram Miguel uma semana fora da UTI, em um dos quartos do hospital, para que pudéssemos ficar o tempo todo com ele. Foi difícil cuidar dele naquele estado. Tive que aprender a dar banho, mesmo ele estando cheio de fios e com aquela bolsa na barriga. Tive que aprender a segurá-lo no colo, sem a ajuda das enfermeiras da UTI. Enfim, tive que aprender e reaprender a ser mãe. Tive que aprender a cuidar do meu filho, que precisava de tantos cuidados especiais.

No entanto, consegui aprender a ser a mãe que Miguel precisava, mas, para isso, necessitei da ajuda de um enfermeiro técnico (hoje enfermeiro superior) muito especial, que dava plantões noturnos no segundo andar do hospital. O nome dele é Carlisson. Em uma das primeiras noites de Miguel fora da UTI, ele não parava de chorar, e Júnior e eu não sabíamos mais o que fazer para acalmá-lo, foi quando o Carlisson entrou no nosso quarto e perguntou-nos se já tínhamos tentado dar um banho morno para ajudá-lo a relaxar. Ante a inusitada pergunta, espantei-me e disse: "Como é possível dar banho no meu bebê todo cheio de fios e com essa bolsa colada na barriga?". E ele respondeu que era possível, sim, e que eu já deveria saber como se faz isso. Assim, pegou o bercinho de acrílico, retirou o colchão e os lençóis, encheu-o de água morna do chuveiro, e me falou para observá-lo e aprender. Miguel adorou o banho, porém, não se acalmou. Nessa noite, o médico de plantão o levou para passar o resto da noite na UTI.

Inicialmente, a previsão era de que Miguel passasse entre tês e seis meses nesse estado, mas, com onze dias, os médicos resolveram reconstituir seu trânsito intestinal. A iliostomia fora feita em uma região muito alta do intestino, na parte que absorve os nutrientes, e isso estava deixando-o desnutrido.

Mais uma vez meu bebê iria para a sala de cirurgia, magrinho e muito debilitado... Era sua terceira cirurgia!

CAPÍTULO 5

"Admito que eu me revoltei;
Onde é que estava Deus com seu imenso amor?
Se Deus é amoroso, então por que deixou?
Por que tinha que ser do jeito que foi?
Admito que eu o desafiei."
(Pe. Zezinho, scj)

Era dia 20 de setembro de 2007, e mais uma vez lá estávamos Júnior e eu à espera do término da terceira cirurgia de Miguel, que tinha agora dois meses e onze dias. Os minutos e horas pareciam não passar, e a espera era angustiante. Um guerreiro, esse meu filho, tal qual seu nome. Tão pequeno e frágil, mas sempre lutando por seu direito de viver. Três anestesias gerais em tão pouco tempo... Mais uma vez Deus ouviu as orações de todos e adiou a hora de levar o meu filho ao seu encontro. Obrigada, meu Deus!

O trânsito intestinal de Miguel foi reconstituído, agora já não precisaria mais usar aquela terrível bolsa em sua barriga. Continuava debilitado, fraco e desnutrido. Precisou receber transfusão de sangue novamente.

Agora, tínhamos que esperar seu intestino mostrar sinais de que voltou a funcionar. Para muitos, as fezes de um filho é algo secundário, banal, mas, para nós, representava a saúde dele.

***

No dia 22 de setembro, meu lindo bebê deu o seu primeiro "sorriso social". Estavamos Júnior e eu dentro da UTI, e esse sorriso não foi para mim, mas sim para Dra. Judith, que o estava examinando. Foi lindo e confortante ver o sorriso dele, pois isso significava que naquele momento Miguel estava se sentindo bem. Portava nesse momento uma câmera fotográfica na mão e consegui eternizar esse momento tão especial.

***

Os dias se passavam e nada de o intestino de Miguel começar a funcionar. Continuava com a nutrição parenteral, mas recebia também um pouco de alimento pela sonda orogástrica, para ver se o intestino reagia. Nossa preocupação aumentava a cada dia.

Por isso, concordo quando Maria Julia Miele diz em seu livro que ter um filho na UTI é conviver com o medo 24 horas por dia. É sentir o coração disparando cada vez que você chega, e só senti-lo bater ritmado depois de pousar os olhos no seu bebê e ter a certeza de que tudo está bem. Medo da perda, medo da piora, medo do futuro incerto, medo do presente. Medo da própria capacidade de suportar as notícias (2004, p. 71).

Miguel começou a apresentar novamente sinais de obstrução intestinal. Mais uma vez me desesperava com a possibilidade de uma nova cirurgia e de perder o meu filho.

Os médicos da UTI resolveram levar Miguel ao Instituto de Radiologia para realizar o exame de verificação de trânsito intestinal com contraste.

Depois de meses, Miguel fez seu primeiro passeio... Se é que se pode chamar isso de passeio.

Fomos de ambulância do hospital até essa clínica. Depois de um dia inteiro realizando o exame, Júnior e eu recebemos a informação de que mais uma vez nosso filho estava apresentando uma obstrução no intestino. Claramente dava para ver, no exame, o contraste chegando ao início do intestino delgado e voltando para o estômago.

Desta vez, isso estava acontecendo por causa de uma anastomose (costura das duas partes do intestino), que cicatrizou demais, causando esse problema. Mais uma vez meu bebê teria que passar por procedimento cirúrgico. Dezesseis dias depois da terceira cirurgia, lá vai Miguel passar por sua quarta provação.

Nesse momento passa de tudo na cabeça de uma mãe. Medo, ansiedade, vontade de fechar os olhos e nunca mais abrir. A dor é muito grande, insuportável e impossível de se descrever com palavras. Só quem é mãe e já passou por essa situação sabe como é. Quem não passou por isso pode até tentar imaginar, mas jamais chegará perto de saber a imensidão desse sentimento tão terrível.

**

Era dia 6 de outubro, aniversário de 30 anos de Júnior, e dia da quarta cirurgia do nosso filho, que agora estava com 2 meses e 27 dias de vida. Foi o aniversário mais triste da vida de meu marido.

Fomos até a porta do centro cirúrgico entregar Miguel nas mãos do cirurgião. Esse momento é muito difícil... Entreguei Miguel no colo do cirurgião e falei: "Doutor, Deus o abençoe e o ilumine nesta cirurgia. Faça pelo meu filho o que o senhor faria pelo seu".

Olhei para Miguel, dei-lhe um beijo e falei: "Deus o abençoe e esteja com você, meu filho, durante toda essa cirurgia. Que seu anjo da guarda o proteja e o guarde. Amém!".

Outra vez estávamos à espera de notícias do nosso bebê, que estava no centro cirúrgico. Minutos e horas pareciam não passar.

Novamente Deus nos abençoou, Miguel saiu bem da cirurgia, mas precisou receber sangue novamente. Na cirurgia o médico retirou mais 2 cm do intestino delgado de Miguel, totalizando cerca de 14 cm do seu intestino de recém-nascido, ou seja, um terço do total para a sua idade.

Depois de Miguel se mostrar bem na UTI, decidi ver se conseguia alegrar Júnior de alguma forma. Fui até uma doceria próxima ao hospital e comprei uma torta para cantarmos parabéns para ele.

As enfermeiras e médicos da UTI me ajudaram a arrumar um cantinho para cantarmos parabéns lá dentro mesmo, de modo que não precisássemos ficar longe do nosso filho. Fizemos o possível, mas mesmo assim esse foi o pior aniversário da vida do meu marido. Entendo bem o que estava sentindo: como poderia querer comemorar e festejar a sua vida, quando a do seu filho corria risco?!

Mais uma vez tínhamos que esperar que o intestino de Miguel reagisse. Para a cicatrização não obstruir o intestino de Miguel mais uma vez, o cirurgião colocou uma sonda que ia do intestino até a boca dele. Essa sonda ficou até a cicatrização do intestino se completar. Cerca de vinte dias.

Voltávamos à estaca zero, pois tínhamos que esperar alguns dias para ver se a tentativa de alimentar nosso filho pela boca dessa vez daria certo.

Até aqui, ainda tomava remédios para estimular a lactação, pois ainda tinha esperança de um dia ter o prazer de amamentar meu filho, mas os médicos me tiraram essa esperança dizendo que o processo de alimentação seria mais complicado do que tinham pensado de início, e que ele só poderia tomar um leite especial (a lata desse leite custava cerca de 700,00 reais).

Uma das funções básicas de uma mãe é a de amamentar seu bebê, e isso me foi tirado. Sei que isso fará falta para nós dois e que poderá até desencadear consequências psicológicas. Assim, parei de tomar as medicações e doei o leite que tinha estocado em meu congelador para os bebês que também estavam na UTI e que precisavam de leite materno. Fez-me bem poder, indiretamente, amamentar o filho de outras mães que também estavam sofrendo na UTI, já que não podia mais amamentar o meu.

Depois de alguns dias, os médicos resolveram retirar Miguel da UTI e transferi-lo para um quarto, a fim de que o Júnior e eu pudéssemos ficar mais perto dele. Retiraram, então, o cateter de alimentação parenteral e a sonda orogástrica, e começaram a alimentá-lo pela boca, com a mamadeira feita daquele leite especial.

Em decorrência disso, Miguel começou a ter diarreia osmótica e a emagrecer, chegando a ficar com peso inferior ao do seu nascimento. Daí foi necessário voltar de novo para a UTI, só que agora em estado de desnutrição gravíssima.

Por causa dessa desnutrição, Miguel corria o risco de ficar com déficit cognitivo. Angustiei-me muito com essa possibilidade, mas, diante disso, resolvi que iria realizar estimulação precoce em Miguel para minimizar esse déficit. Comprei todos os materiais necessários para essa estimulação e coloquei a "mão na massa", apesar de muita gente não concordar com isso. No entanto, consegui ser mãe e terapeuta de Miguel. Ora eu era fonoaudióloga, ora pedagoga, ora fisioterapeuta (com a orientação de Carol, profissional da área), além de exercer minha função de mãe. Minha grande amiga e fonoaudióloga Mariana Guimarães também estava sempre por perto e me dava boas orientações. Ainda bem que tenho informação para fazer isso.

Ao olhar para meu filho, a única imagem que me vinha era das reportagens que havia assistido sobre as crianças da Etiópia. Crianças que, pela falta alimento, ficavam com o crânio avantajado, desproporcional ao corpo, olhos saltados, por causa da magreza da face, barriga distendida, por causa da quantidade de verme, e membros tão magros que só se viam ossos.

As únicas diferenças de Miguel com relação a essas crianças são que ele era branco e não negro como elas, e que estava desnutrido e com a barriga distendida por causa de uma doença, e não por falta de comida e por causa de vermes, como no caso da reportagem.

Diante desse quadro, os médicos voltaram a colocar uma sonda nasogástrica e um cateter para a alimentação parenteral. Nosso menininho ficou mais um longo período internado na UTI até recuperar um pouco mais o seu peso e melhorar o seu quadro geral de saúde. Miguel passou então a ser alimentado por uma sonda orogástrica, sempre tendo o suporte nutricional da alimentação parenteral.

Ao mesmo tempo em que ficava feliz pelas mães e seus bebês, que recebiam alta da UTI e do hospital, também sofria muito, pois, nesse longo período nosso lá, presenciei muitos bebês entrando e depois saindo... Mas Miguel ia ficando, e o pior, sem perspectiva de alta.

Em momentos como esses, precisamos muito ter fé e acreditar que Deus sabe o que é melhor e que, como nosso Pai, ele fará tudo por nós, assim como fez mandando seu único Filho morrer na cruz para nos salvar. Não vou dizer que seja fácil pensar assim, mas é necessário, pois senão perdemos a lucidez e enlouquecemos.

A dor e o medo vivenciados ao assistirmos o sofrimento de um filho, e também quando se sabe da possibilidade de sua morte, é algo imensurável. Não é possível descrever ou explicar. Julgo ser a pior dor e sofrimento que uma pessoa possa passar aqui na terra. E por isso mesmo, só conseguimos atravessar todo esse sofrimento se estivermos com Deus em nosso coração. Só Deus pode nos dar a força de que precisamos para prosseguirmos sem entrar em um estado de loucura absoluta.

Sofrer é humano, mas a verdade é que nunca estamos preparados para passar pelo sofrimento da perda ou da doença grave de um filho, pois isso foge ao curso natural da vida... Pais devem morrer primeiro que os filhos, e não o inverso. Natural é morrer na velhice e não na juventude, muito menos quando se acaba de nascer.

Com tanto tempo de permanência na UTI, Júnior e eu fomos conhecendo e nos adaptando aos aparelhos e seus apitos, aos procedimentos realizados diariamente, e em momentos de emergência com algum bebê, já sabíamos que tínhamos que nos retirar.

Estava muito fragilizada, me sentia fracassada como mãe, como mulher, como esposa, como profissional... Olhava-me no espelho e via apenas um trapo ambulante. Já não tinha mais vaidade, já não me arrumava mais, já não sentia mais desejos de mulher. Via em meu rosto as olheiras, a face cansada e envelhecida pelo sofrimento.

Confesso que muitas vezes tive vontade de morrer, porque não suportava mais tanto sofrimento. Todavia sempre que isso me passava pela cabeça, olhava para o meu filho, tão pequenino, mas ao mesmo tempo tão forte, lutando por seu direito de viver, e falava para mim mesma que, se ele estava lutando tão heroicamente, que direito tinha eu de desistir? Nenhum! Então levantava a minha cabeça, tentava pensar em coisas boas, planejava o que iríamos fazer quando saíssemos daquele hospital (passeios em parques, praia, shopping, aniversários, viagens etc.), e procurava recarregar as minhas "pilhas" para prosseguir em busca da cura do meu filho.

A verdade é que nesse momento da minha vida eu vivi na fronteira, ou seja, no limite entre a fé e a descrença, entre a esperança e a desesperança, entre a sensatez e a loucura. Passar por uma situação tão dolorosa nos faz mudar como pessoas, nos faz ver a vida e perceber as coisas e acontecimentos de forma diferente. Por isso, acho que o sofrimento, de acordo como o encaramos, pode representar o fim da nossa vida, ou apenas o início de uma nova forma de viver.

Confesso que, por um período, encarei esse sofrimento como o fim, e por isso vivi o meu luto, porém depois vi que isso de nada iria adiantar, pelo contrário, só me faria sofrer mais. Então decidi mudar a minha forma de encarar as coisas e passei a vê-las como o princípio de uma nova vida, o início de uma nova Renata.

***

Houve dois anjos que apareceram na minha vida nesse período, eram duas senhoras, bastante religiosas e dedicadas à Igreja Católica: a Léia e a Sônia. Já nos conhecíamos, contudo, quando souberam o que eu estava vivendo, passaram a ir ao hospital me visitar para conversarmos e para me levar a Palavra de Deus. Foram longas e boas conversas, que sempre me deixavam mais calma e confortada. Deus as abençoe sempre!

***

Com a melhora do quadro de saúde do Miguel, os médicos o transferiram novamente para o quarto... Mais uma vez estávamos 24 horas juntinhos! Nesse dia haveria o plantão de uma médica muito querida, Dra. Adélia. Ela é uma médica muito dedicada e humana, sem falar no carinho que demonstrava ter por Miguel. Sempre alegre e brincalhona, distraía não só nosso filho, como nós também.

Nesse longo período de hospitalização e de muitas urgências ocorridas com Miguel, foi ela que sempre resolveu tudo com muita competência. Deus a abençoe!

A enfermeira técnica que estava com Miguel era a Patrícia. Era muito divertida e competente. Brincava muito com ele e o chamava carinhosamente de "olho de biloca", devido a seu olhar vivo e encantador. Ele adorava ficar no colo dela. Mais uma excelente profissional, a quem peço a Deus que seja abençoada!

***

Nos momentos de dificuldades, encontramos não só pessoas boas, dispostas a ajudar, mas também aquelas que tentam colocar-nos mais para baixo ainda. Tentava me manter afastada dessas pessoas negativas e más, ao passo que sempre que possível me aproximava das boas e positivas.

Uma dessas pessoas boas que muito me ajudou em vários momentos foi a minha grande amiga Mariana Guimarães. Ela trabalhava nesse mesmo hospital como fonoaudióloga, e sempre que estava sem pacientes vinha conversar comigo. Nossos bate-papos iam desde falar da doença de Miguel até "tiração" de sarro e piadas, na tentativa de me fazer rir e esquecer por uns minutos tudo o que estava vivendo. Amo muito minha amiga Mari, e sou eternamente grata a ela por tudo de bom que me fez.

***

Depois de perder dois "PICs" (como chamam o tipo de cateter percutâneo que Miguel estava usando para a alimentação parenteral), os médicos resolveram levá-lo mais uma vez ao centro cirúrgico, dessa vez para ser colocado um cateter totalmente implantado, muito usado em pacientes que precisam se submeter à quimioterapia.

Assim, no dia 12 de novembro Miguel foi submetido à sua quinta cirurgia.

CAPÍTULO 6

"Briguei com Deus, briguei com Deus
E se eu briguei foi por saber que Deus ouvia"
(Pe. Zezinho, scj).

Agora meu bebê estava com quatro meses e três dias de vida. Outra vez lá fui eu entregá-lo ao cirurgião no centro cirúrgico. Algo que já tinha vivenciado, e, apesar de não gostar, já sabia bem como fazer.

Para essa cirurgia, estava um pouco mais tranquila, pois não era algo de urgência, mas sim programado para melhorar a qualidade de vida de Miguel. Quem sabe até poderia ir para casa e ficar sendo cuidado no sistema de *home care*.

A cartilha das mães de UTI do Instituto Abrace explica que "*home care* é uma palavra em inglês que significa 'cuidado em casa' ou, abrasileirando, "internação domiciliar". As vantagens de levar a criança para casa são muitas, mas a primeira não tem preço: tê-la perto de você e da família. Essa é a principal ideia do *home care*: cuidar em casa. Em casa há menos barulho, o bebê dorme melhor, se agita menos e, consequentemente, se recupera mais rápido. Também não há o perigo das infecções. Então a criança fica menos doente, toma menos antibiótico e se fortalece mais rápido. Em casa, a família, os irmãos e nós, mães, estamos sempre incentivando o bebê e estimulando seus movimentos, e com isso o tratamento evolui melhor.[1]

***

No dia 20 de novembro, outra pessoa maravilhosa entrou em nossas vidas, a fisioterapeuta Carol. Ela, então, iniciou o seu trabalho com Miguel, que agora estava com quatro meses e onze dias de vida e pesava 3,590 kg, ou seja, estava pesando apenas 100 gramas a mais do que ao nascer! Solicitamos uma fisioterapeuta porque ele apresentava, além do pé torto congênito, muito atraso no desenvolvimento motor, devido à falta de oportunidades de vivenciar experiências motoras, em decorrência do seu estado de saúde.

Carol tinha muito carinho por Miguel e desenvolveu um trabalho maravilhoso com ele. Tinha o cuidado de não usar a bata branca, porque Miguel chorava ao ver qualquer pessoa de branco. Assim, usava sempre

---

[1] Veja na internet: <http://www.institutoabrace.org.br/cartilha_maes_de_uti_abrace.pdf>.

roupas coloridas e alegres. Seu trabalho era muito cuidadoso, pois, por causa do baixo peso de Miguel, ele não podia fazer muito esforço para não gastar calorias e perder peso.

***

Nesse período os médicos iniciaram uma tentativa de intercalar na dieta de Miguel um leite especial e outro sem lactose. Recebia uma parte pela sonda, ligada a uma bomba de infusão, e uma pequena quantidade (10 ml) na mamadeira. Foi também quando Miguel começou a apresentar sangue nas fezes, trazendo muita preocupação para a equipe médica e mais ainda para mim e Júnior.

No segundo dia que começou a receber essa dieta, Miguel começou a vomitar, e em uma dessas vezes tia Cê estava comigo no quarto e presenciou a situação. Comecei a ficar bem mais estressada e preocupada com a evolução dele, pois a presença de sangue e de vômito significava que ele não estava aceitando bem a dieta e que seu intestino não estava se recuperando bem.

Por falar nela... Tia Cê foi mais que uma pessoa especial e maravilhosa! Além de trazer meu filho para a vida, fazendo o meu parto, e de salvar a vida dele no início de sua doença, ela também tinha muito cuidado e carinho conosco.

Era uma sexta-feira, dia 23 de novembro, quando ela, ao sair do seu consultório (que ficava no andar de baixo do mesmo hospital), subiu até o nosso quarto, em um raro momento em que meu bebê e eu dormíamos na rede. Ela viu a cena e não quis nos acordar, apenas deixou dois brinquedos de presente para Miguel em cima da cama do quarto. Amo muito essa minha tia querida!

Cinco dias depois de Miguel ter começado a receber a dieta sem lactose, intercalada com o leite especial, a quantidade de sangue em suas fezes aumentou muito, o que motivou Dra. Judith a suspender o uso do leite sem lactose, para ver se esse sangue diminuía. E isso realmente aconteceu.

Nesse mesmo dia Miguel fez mais um exame de sangue. Os hematócitos dele deram 21, o que significava que estava com anemia gravíssima. Por esse motivo, teve que receber mais uma transfusão de sangue. Acho que essa já era a quinta.

O engraçado foi que o enfermeiro que veio colher o sangue de Miguel me disse que ele estava mais conhecido no hospital do que "banana em feira". Todos que trabalhavam no hospital já tinham ouvido falar nele.

Hoje foi um dia muito cheio de acontecimentos, por isso Júnior e eu resolvemos desligar as bombas de infusão das tomadas e deixá-las na bateria (a bateria dura cerca de trinta minutos), para darmos uma volta com nosso bebê pelos corredores do hospital. Miguel ficou nos meus braços e Júnior foi empurrando as bombas. Ele adorou o passeio, e as pessoas que o viam paravam para conversar com ele. Isso fez bem para nós três.

***

Nossos dias no apartamento do hospital eram regados a músicas como forró, axé e canções de Pe. Zezinho, bem como aos DVDs infantis. Tentava sempre manter um clima alegre no quarto. Miguel adorava assistir aos DVDs infantis, principalmente os musicais, que o distraia e nos ajudavam muito alegrando nossos dias. Em relação às músicas, ele adorava Chiclete com Banana e Aviões do Forró. Para relaxar e rezar, as músicas de Pe. Zezinho nos acompanhavam sempre. O nosso dia era dividido entre axé, forró, músicas infantis e orações com Pe. Zezinho. Deus abençoe a cada um deles, que nos ajudaram mesmo sem saber!

***

Minha família viajou para Recife, pois era aniversário do meu avô Geraldo... Mais uma data comemorativa que passávamos dentro do hospital!

***

Mesmo com a retirada do leite sem lactose, ele continuou a defecar com sangue. A quantidade de sangue diminuiu, mas não cessou. E vale salientar que a quantidade de fezes diária era muito grande, sendo já considerada diarreia.

Em virtude disso, Dra. Alane suspendeu, mais uma vez, a dieta de Miguel, deixando ele apenas com 10 ml daquele leite especial na mamadeira e 10 ml de ABD (água bidestilada).

Depois de tanto tempo no hospital, Júnior e eu já éramos quase profissionais da saúde. Já sabíamos mexer nos aparelhos, realizar procedimentos, dosar remédios, e até dar banho nele sozinhos, sem a ajuda das enfermeiras.

Miguel adorava tomar banho morno, ficava calmo e relaxava bastante. Geralmente tirava até um cochilo após o banho, ainda enrolado na toalha.

Nesse dia Miguel também passou um bom tempo sentado na sua cadeira brincando com o pai.

***

Durante vários dias Miguel continuou a apresentar sangue nas fezes, e por isso Dr. Reginaldo, que era o chefe da UTI neonatal, solicitou mais uma vez a opinião de um médico gastropediatria. Esse médico também trabalhava na Promater. Ele veio ao nosso quarto e nos falou que esse sangue que estava saindo se dava por causa de uma colite (inflamação no intestino grosso), devido aos nutrientes não absorvidos pelo intestino delgado que passam para o intestino grosso; além disso, afirmou que também Miguel deveria estar apresentando uma alergia aos nutrientes que existem no tal leite sem lactose.

Em decorrência disso, voltou à dieta dos 50 ml de leite especial pela bomba de infusão e foram suspensos os 10 ml de leite na mamadeira.

O gastropediatra nos disse também que o tratamento de Miguel ia ser bem longo e lento, muito mais do que pensávamos.

Como da outra vez, o médico simplesmente lançou essa "bomba" e foi embora... Fiquei muito triste com essas informações. Chorei muito. Um prognóstico ruim, sem dúvida. Nesses momentos tentava ser forte, mas era impossível. Tentava rezar, tentava falar com Deus, pedia saúde para o meu filho.

Ficava tão mais fragilizada nesses momentos que duvidava de que minhas orações e conversas com Deus fossem ouvidas. Por isso, a todos que vinham até mim e diziam querer me ajudar mas não sabiam como fazê-lo, eu dizia: "Reze por meu filho. Peça a Deus que devolva a saúde a ele, que o cure e que me permita levá-lo para casa".

Às vezes, diante desse tipo de situação, as pessoas ficam sem saber o que fazer e o que nos dizer. Pois, para mim, a companhia, os telefonemas e as orações eram o que me ajudavam. Com algumas pessoas e amigos foi assim, enquanto outros simplesmente se afastaram, sequer apareceram no hospital, ou então vieram uma única vez.

Entendo que algumas pessoas não conseguem suportar e presenciar tamanho sofrimento, mas peço a você que está lendo este livro agora que pare e pense: Se estivesse passando por uma situação como essa, ou semelhante a essa, o que gostaria de receber das pessoas a sua volta e de seus amigos?

Agradeço a cada uma das pessoas e amigos que me fizeram companhia nesse período de minha vida. Agradeço por cada oração, por cada presente, por cada vez que me tiraram um pouco de dentro do hospital para me dar força, para que pudesse recarregar as baterias e continuar firme e forte. Até me arrisco a dizer o nome de alguns desses "anjos": Mariana Guimarães, Sydia e Rodrigo, Mariana e Everton, Samanta e Henrique, Magno e Viviane, Marcelo, Geórgia, Janaína. Com respeito à família, nem preciso falar o quanto me ajudaram muito. Agradeço a todos e quero que saibam que os amo muito!

***

Por causa da diarreia que Miguel vinha apresentando, ele acabou ficando muito assado, e com o bumbum muito vermelho. Isso o incomodava e doía muito.

***

Como cada dia era uma surpresa (nem sempre boa), eu vivia com o coração na mão, vivia com medo do que iria acontecer no momento seguinte. Por causa de tudo o que estava acontecendo e do que os médicos falavam, já nem conseguia mais vislumbrar a cura do meu filho, já não tinha mais uma data limite, só sabia que iria demorar muito tempo, talvez até anos.

Nesse período, precisei muito da ajuda psicológica da minha mãe, da Mariana, da Patrícia e do Pe. Zezinho. Contudo, teria ajudado muito poder conversar e entrar em contato com outras mães que já houvessem passado por algo parecido, ou seja, teria sido importante receber o apoio de mães que também tiveram filhos na

UTI, com problemas de saúde sérios e longo tempo de internação.

Só quem já passou por isso sabe o que uma mãe sente, o que precisa ouvir nessa hora. As outras pessoas conseguem até imaginar, mas jamais saberão o que sentimos e o como e quanto sofremos.

***

Dia 29 de novembro começou uma grande festa que acontece em Natal todos os anos, o Carnatal. É uma festa de carnaval fora de época, que atrai muitas pessoas à cidade. Por vários anos, o Júnior e eu participamos desse evento, mas dessa vez acompanhamos a festa da varanda do hospital. Assim, deixamos as bombas de infusão na bateria e levamos Miguel para a varanda do segundo andar, a fim de que ele visse o movimento das pessoas indo em direção ao local da festa. Ele, muito animado, adorou ouvir o trio elétrico do Nana Banana, do grupo musical Chiclete com Banana. Acho que vai ser "chicleteiro" quando crescer.

***

No dia 1º de dezembro aconteceu o casamento dos nossos amigos Sydia e Rodrigo. Tínhamos sido convidados há muito tempo para ser padrinhos deles, e por isso não podíamos faltar a essa festa.

Organizei com muito cuidado esse período de ausência do hospital, para que nada desse errado. Minha mãe, Gabi e a enfermeira técnica Luzia ficaram com Miguel no hospital, para que pudéssemos ir ao evento. Depois de muitos meses, fui a um salão de beleza para me arrumar. Fez-me bem olhar no espelho e perceber que a Renata mulher, de uma forma ou de outra, ainda existia. A enfermeira Luzia é bastante querida por todos nós, gosta muito de Miguel e cuida dele com grande carinho e competência.

Gabi me mandava de tempos em tempos uma mensagem informando sobre o estado de Miguel, que ainda apresentava febre.

Júnior e eu participamos da cerimônia religiosa como padrinhos e depois ficamos um pouco na festa. Foi bom para nós abdicar, por pequenos instantes, de pensar um pouco no que estávamos passando e dançar algumas músicas como um casal qualquer.

Não nos demoramos muito porque estávamos cansados, por conta da rotina pesada do hospital, e também porque no outro dia cedo teríamos que estar lá de volta.

Nessa noite fomos dormir em casa, mas confesso que em casa descansei menos do que no hospital, pois o fato de estar longe não me permitia relaxar. De qualquer forma, foi bom ter saído daquela rotina e me distraído por algum tempo.

***

No dia 3 de dezembro a enfermeira Eve passou a cuidar do Miguel no turno da tarde. Ela era do turno da manhã, mas passou a ficar conosco no quarto, assim eu não ficava tão sozinha e podia descansar um pouco. Também pude passar a ir a uma clínica lá perto do hospital para realizar seções de massagens relaxantes, a fim de tentar aliviar o meu estado de tensão. Eve é uma pessoa muito querida por mim, Júnior e Miguel. Muito comprometida e competente, ela cuidava não só de Miguel, mas também de mim, pois me fazia companhia, conversava, me fazia rir, me ouvia, me acalmava. Ela é mais um dos anjos que Deus mandou para cuidar de mim e do meu filho, e por isso é muito especial para nós.

Nesse dia Miguel também teve febre. E foi iniciado o uso de um outro leite.

***

Na véspera do meu aniversário de 27 anos, Miguel não passou o dia bem. Teve febre durante o dia, e os médicos ainda não sabiam por qual motivo, apesar dos diversos exames já realizados.

Chegou o dia 5 de dezembro, data do meu aniversário... Não preciso nem dizer o quanto estava me sentindo triste. Este dia, que deveria ser o mais feliz da minha vida, ainda mais por ter realizado o desejo de ser mãe, foi, na verdade, o mais triste.

Recebi a visita de uma enfermeira e da assistente social, e aproveitei para conversar muito com elas sobre aquela situação e pedir que autorizassem Miguel a ir para casa pelo sistema de *home care*. Vi nos olhos delas que ambas entenderam os motivos do meu pedido e se sensibilizaram com a situação. Mas infelizmente essa autorização não dependia apenas delas.

Minha mãe trouxe um bolo para mim. Júnior me deu um presente. Recebi muitas ligações de felicitações, mas nada me animou nesse dia. Meu sentimento era só de tristeza, insegurança e medo do futuro.

***

Apesar da conversa com a enfermeira e com a assistente social, a direção do convênio estava dificultando a autorização para o *home care*. Então, disse à assistente social que, se não autorizassem por bem, procuraríamos nossos direitos na justiça.

Miguel estava pesando 3,990 kg, e não víamos a hora de ele chegar aos 4 kg.

***

No dia 8 de dezembro dei, pela primeira vez, banho em Miguel sem o auxílio de ninguém, apesar dos três fios ligados a seu corpo. Foi uma sensação muito boa ver que, mesmo diante daquela situação, estava perdendo o medo e aprendendo a cuidar sozinha do meu filho. Como Miguel gostava muito de tomar banho e se comportava muito bem, ficava tudo mais fácil.

***

Era 9 de dezembro e meu bebê estava completando cinco meses de vida. Mais um dia que ele apresentou febre pela manhã e pela tarde. Isso estava preocupando a todos nós, principalmente porque nenhum dos médicos descobria o que estava provocando essa reação.

Nesse dia ganhamos um presente. Miguel fez barulhinhos com a boca e tentou pegar o boneco Cascão e o nariz do papai. Aos poucos estava melhorando a sua coordenação motora, graças ao trabalho da fisioterapeuta Carol.

Miguel estava medindo 55 cm e pesando 3,965 kg.

***

No dia 11 de dezembro Júnior foi a Recife participar do teste físico para o concurso da Aeronáutica, e, pela primeira vez, Miguel e eu dormimos sozinhos no hospital. Fiquei insegura, mas consegui passar bem a noite.

Nesse período já dava para perceber melhor as suas tentativas de pegar nos brinquedos, apesar de nem sempre fazê-lo. Ficava muito feliz quando o via lutando contra seus limites e evoluindo, aos poucos, tão significativamente.

Cada avanço que Miguel apresentava eu agradecia a Deus, pois era ele quem estava ajudando meu filho.

***

O mês de dezembro foi permeado por acontecimentos bons e ruins. Todavia eu me encontrava muito triste, chorava bastante... Eram tantos sentimentos dentro de mim, eram tantos medos e incertezas, que nem eu mesma conseguia me entender. Mas de uma coisa eu sabia: Deus estava comigo e não me iria abandonar!

***

Com cinco meses e oito dias de nascido, finalmente Miguel chegou aos 4 kg. Entretanto infelizmente continuava a ter febre todos os dias.

Ele começou a fazer uso do TCM (triglicerídeos de cadeia média) no seu leite, para ver se conseguia ganhar peso mais rápido.

Recebemos mais uma vez a visita da auditora do convênio, mas ainda não tínhamos resposta sobre o *home care*. Um pensamento me veio à mente: "Será que passaremos a noite de Natal em casa, com nosso filho?".

Minha ligação com Miguel estava cada dia mais forte, era um sentimento inexplicável, além do amor incondicional; percebia que tínhamos também um vínculo recíproco muito grande. Era algo muito intenso. Não consigo viver sem meu filho, ele é tão importante quanto o coração que bate em meu peito! Existe uma simbiose fortíssima entre nós dois, e muitas vezes não consigo distinguir onde eu termino e onde ele começa... Muitas vezes parecemos ser um só!

***

No dia 19 de dezembro a assistente social da empresa de *home care* foi até a nossa casa para conhecê-la. Ela nos pediu apenas que colocássemos mais tomadas em toda a casa, e disse que o resto estava tudo dentro dos conformes. Será que desta vez sairia a autorização do *home care* e voltaríamos para a nossa casa com Miguel?

***

114

Um filho na UTI

Depois de tantos dias apresentando febre, os médicos decidiram realizar um ecocardiograma em Miguel. Durante esse exame, foi visto que o coração dele estava apresentando uma vegetação (endocardite) decorrente do cateter, que provavelmente foi infectado na hora de ser implantado. Era isso que estava causando tanta febre.

No dia seguinte esse cateter teve que ser tirado urgentemente em mais um procedimento cirúrgico, pois se essa vegetação se soltasse do coração de Miguel iria provocar a morte dele por embolia pulmonar.

Por causa disso, Dr. Reginaldo nos disse que não poderíamos mais ir para casa com Miguel, pois essa endocardite era algo muito sério e precisaria do uso de medicações fortíssimas que só poderiam ser administradas no hospital. Esse tratamento iria durar em torno de um mês, e essas medicações são ototóxicas e nefrotóxicas.

Lá se foi embora a minha esperança de ir para casa passar o Natal e Ano-Novo. Estava extremamente triste, inconsolável!

Assim, no dia 21 de dezembro de 2007 (dia do aniversário de 32 anos de casamento dos meus pais), lá ia Miguel para a sua sexta cirurgia.

CAPÍTULO 7

Drama só faz quem não tem;
quando há motivos reais para tal,
os problemas se minimizam
e encaramos a vida de frente e sem drama.
(Maria Julia Miele)

Miguel estava com 5 meses e 21 dias de vida. E mais uma vez Júnior e eu fomos deixar nosso filho na porta do centro cirúrgico. A cirurgia foi iniciada às três horas da tarde. Mais uma anestesia geral.

Assim, para Miguel não ficar sem acesso venoso central para a passagem das medicações e da alimentação parenteral, foi dissecada uma veia do seu braço direito e colocado um cateter duplo lúmen, que deveria permanecer nele por uns quinze dias.

Quando a cirurgia acabou, Miguel ficou em observação até as nove horas da noite na UTI, para só depois ser levado de volta para o apartamento. Também foi necessário receber mais uma transfusão de sangue, devido à sua anemia e ao sangue perdido durante a cirurgia. Essa foi a sua sexta transfusão de sangue.

Nesse mesmo dia, ainda pela manhã, as funcionárias da empresa de *home care* foram ao hospital conversar comigo, então contei a elas o que estava acontecendo em relação ao cateter e que por isso teríamos que adiar essa nossa ida para casa.

Nesse mesmo dia houve no hospital uma missa por causa da chegada do Natal. Fez-me muito bem participar dessa celebração, pois pude ter um momento mais propício para rezar pela saúde do meu anjinho, sem precisar sair do hospital. Costumo todos os anos ir à missa na noite de Natal, e foi muito bom participar, mesmo estando no hospital. Todos os hospitais deveriam ter um local e um dia na semana para oferecer uma missa aos familiares dos pacientes internados, pois, nesses momentos críticos de nossa vida, o que nos mantém vivos e psicologicamente bem é a fé, e nada melhor que participar dessa celebração para renovarmos e darmos forças à nossa fé.

No dia seguinte à retirada do cateter, Miguel começou a apresentar episódios de hipotermia. Em decorrência disso, os médicos o levaram por algumas horas à UTI neonatal para ficar em um berço aquecido, voltando para o quarto apenas à noite.

Chegou a noite do Natal... Impossível não ficar triste! Tudo o que as pessoas pedem e comemoram no fim de um ano é justamente a sua saúde e a de seus familiares.

Esse fim de ano deveria ser o mais feliz da minha vida por ter finalmente uma família completa, com o meu filho nos braços. Todavia não consegui ficar feliz, pois ele estava internado em um hospital, tinha passado por seis cirurgias, seis transfusões de sangue, estava com uma infecção grave no coração (endocardite), sofreu uma parada cardiorrespiratória, entre várias outras intercorrências hospitalares. No entanto, ao mesmo tempo, tinha que ficar feliz e agradecer a Deus porque, mesmo com todos esses acontecimentos, ele estava vivo. Mas como sou humana – e o ser humano tem suas fraquezas – não consegui me alegrar.

Também nessa noite Miguel teve hipotermia, mas, para que ficasse junto de mim e do Júnior, a equipe do hospital levou o berço aquecido para o nosso quarto.

Recebemos a visita de alguns amigos que, sensibilizados com esse nosso momento, nos foram levar palavras de conforto e carinho, bem como presentes para alegrar e distrair Miguel. Marcelino (amigo do meu pai), Rodrigo e Sydia (amigos para todas as horas) e nossos familiares, que sempre estavam nos ajudando e apoiando: minha mãe, meu pai, tia Cê, Débora,

Romero, Eleika, Augusto, Jair, Michele, Júlia, Patrícia, Léo e Conceição.

Dra. Alessandra, que estava essa noite de plantão, também fez questão de levar um presente, além de um lindo cartão para Miguel. Todos os enfermeiros de plantão também fizeram questão de passar no nosso quarto para desejar saúde e paz para nós. Em um momento de fragilidade como esse, é muito importante a presença e as palavras de amigos como esses. Agradeço a cada uma dessas pessoas, pois significou muito e nos fez muito bem a visita de cada um deles.

Depois que todos partiram, ficamos apenas nós três. Abraçamo-nos e tentamos pensar em coisas boas e planejar o futuro com Miguel cheio de saúde e feliz. Fomos um pouco até a varanda com ele para observar a movimentação da rua e das pessoas nessa noite em que todas as famílias se reúnem para festejar.

O dia amanheceu... Eu ainda estava triste, era o dia do Natal. Miguel ainda continuava sem a alimentação parenteral, que foi tirada por causa da cirurgia de retirada do cateter.

Recebemos a visita de Everton e Mariana, que mais uma vez trouxeram presente para Miguel. Eles também nos deram um grande apoio e nos ajudaram muito. Nunca vou esquecer isso.

***

Já era dia 26 de dezembro e Miguel continuava a ter episódios de hipotermia. Foi feito exame de sangue e neste se constatou que ele estava infectado com estafilococos. Por causa disso, todos os médicos e enfermeiros usavam uma capa de proteção quando iam ao nosso quarto, para não correrem o risco de contaminar outros pacientes.

A enfermeira e a assistente social do convênio foram nos visitar. Contei a elas tudo o que estava acontecendo, sobre a infecção do cateter, a endocardite e as hipotermias. Vi que os olhos da enfermeira se encheram d'água ao ouvir minhas palavras, e também chorei, pois estava muito fragilizada e não conseguia ainda falar no assunto sem me emocionar.

***

Meu bebê já demonstrava bastante interesse e atenção pelos brinquedos, porém ainda não levava a mãozinha para pegá-los.

***

Só no dia 27 de dezembro foi que Miguel voltou a receber a alimentação parenteral, e por causa disso ele perdeu bastante peso. Antes da cirurgia ele estava com 4,575 kg, depois caiu para 4,015 kg.

Também nesse dia foram refeitos exames de sangue em Miguel, pois ele continuava a apresentar hipotermia.

Nesses dias andava me sentindo muito triste, tentava pensar em coisas boas, mas o meu limite de sofrimento tinha sido ultrapassado, e isso estava me massacrando, me impedindo de ficar bem.

***

Chegou o penúltimo dia do ano e o Dr. Reginaldo fez modificações na dieta de Miguel. Estávamos ansiosos para ver se dessa vez iria dar certo. A partir de então, ele passou a tomar inicialmente 50 ml, passando na bomba a 25 ml/h sem intervalos durante o dia, e sem passar a noite. Dr. Reginaldo disse que iria proceder assim para assemelhar à dieta das pessoas que comem de dia e não comem à noite, uma vez que estão dormindo. Também foi adicionado em todas as dietas dele o TCM, para ver se recuperava mais rápido o peso perdido.

O que estava me irritando bastante nesses dias eram os frequentes erros de certas enfermeiras e técnicas em enfermagem. Aconteceram tantos erros que Júnior e eu passamos a fiscalizar tudo. Cada dose dos remédios, cada programação feita nas bombas de infusão, cada curativo, enfim, tudo o que era feito em Miguel nós fiscalizávamos.

Certo dia uma enfermeira técnica da noite errou na dose e na programação da bomba de infusão de um dos remédios que Miguel estava tomando para a endocardite, fazendo-o ingerir o dobro da dose. Como era de madrugada e Júnior e eu estávamos muito cansados, não conferimos a programação da bomba. Quando ouvimos a bomba apitando sem parar, acendemos a luz e vimos que a medicação já havia passado por completo, inclusive a parte que deveria ter ficado para que não entrasse ar na veia dele. Conclusão: a bomba estava apitando porque já tinha começado a entrada de ar na veia de Miguel, o que era gravíssimo.

Eu pirei nessa hora. Fui até o posto de enfermagem no início do andar, briguei com a técnica e mandei ela chamar a enfermeira chefe. Depois de elas ajeitarem o cateter, reclamei e briguei com todo o mundo, afinal de contas, além da quantidade de ar que entrou, a medicação que foi dada em dose dupla era ototóxica e nefrotóxica, ou seja, Miguel poderia ficar surdo e com deficiência renal, necessitando de hemodiálise para o resto da vida.

**

Dia 31 de dezembro, noite de Réveillon. Noite de comemorar, de agradecer e de pedir coisas boas para o ano que vai começar.

Adeus ano velho
Feliz ano novo
Que tudo se realize
No ano que vai nascer.
Muito dinheiro no bolso
Saúde pra dar e vender.

O que posso falar desse ano de 2007 é que ele foi o mais feliz e o mais triste da minha vida. Sim, o mais feliz porque me tornei mãe. E o mais triste porque meu filho chegou ao mundo já sofrendo muito e tendo que lutar pela vida.

Passei o dia todo triste. Fui buscar minha mãe na casa dela para conversarmos um pouco no hospital e à noite Júnior a deixou em casa.

Nesse dia não recebemos visitas, pois todos estavam comemorando o Ano-Novo. Meu pai teve que ficar trabalhando em João Pessoa, meus irmãos foram para Recife ficar com nossos avós, tios e primos, e a família de Júnior foi para a praia. Minha mãe ficou conosco durante a tarde e à noite foi para casa. Passou a noite dormindo sozinha.

Júnior e eu ficamos bem juntinhos um do outro e de Miguel. Não falamos muita coisa, pois nosso coração estava triste.

124

Um filho na UTI

Na hora dos fogos de artifício fomos mais uma vez para a varanda com Miguel e com os demais pacientes e seus acompanhantes, bem como com a equipe de plantão da noite. Quando os fogos começaram a queimar, nós nos abraçamos e nos beijamos. Pedimos a Deus saúde para o nosso filho. Cumprimentamos todos que lá estavam e fomos para o quarto dormir, com a esperança de dias melhores e de boas-novas.

Nesses três dias de alimentação parenteral Miguel ganhou bastante peso, e isso nos deixou na esperança de poder retirá-la o mais rápido possível. Tudo o que queria nesse dia era livrar meu filho desses fios e bombas de infusão e ir para casa.

***

Primeiro dia do ano de 2008. Mesmo com tudo o que estava acontecendo, eu ainda conseguia sonhar e ter esperança de um ano melhor e de mais saúde para meu filho.

Sabia que Deus estava olhando nosso sofrimento e nossa luta, e que por isso iria curá-lo.

À tarde Miguel golfou. Ele estava no colo da minha mãe e Dra. Simone estava presente no nosso quarto. Por causa disso, foi dada uma pausa de duas horas na passagem da dieta, e os médicos decidiram voltar atrás

125

e não implantar mais a dieta de forma contínua durante o dia.

Isso tinha me angustiado muito, pois os médicos mudavam muito o plano alimentar, a forma e a quantidade, mas nenhum deles dava certo. Frequentemente Miguel vomitava, golfava, defecava sangue. Temia que meu filho não conseguisse evoluir a ponto de conseguir se alimentar de forma normal e sem o auxílio da bomba de infusão.

Pedia a Deus que iluminasse as decisões dos médicos e que os fizessem acertar a alimentação do meu filho.

***

No segundo dia do ano Miguel teve febre, porém saiu o resultado do exame de sangue e a hemocultura deu negativa. Ele golfou novamente, então Dra. Nívia reduziu a dieta dele para 30 ml com 15 ml/h.

Já estávamos no terceiro dia de Janeiro e ele apresentava agora 4,680 kg. Foi feito um novo ecocardiograma, mas infelizmente a endocardite continuava presente. Também foi realizada uma nova ultrassonografia. Fiquei feliz, pois o médico me disse que não havia nenhum sinal de obstrução intestinal, apenas a presença de muitos gases.

Também recebemos a visita de um amigo do meu pai, do qual não lembro o nome, e que fez muitas orações para Miguel.

Resolvi dormir na casa dos meus pais para ver se conseguia ter uma boa noite de sono. Miguel ficou com Patrícia e Júnior. Mas não é novidade dizer que, mesmo com a ajuda de calmante, não consegui relaxar como deveria. Meu corpo estava ali, mas minha alma, meu coração e meu pensamento estavam no hospital, ao lado do meu filho. Não conseguia me sentir completa longe dele.

Cheguei ao hospital às sete horas da manhã. Todos estavam dormindo. Júnior acordou e me contou que a noite tinha sido muito conturbada. O cateter duplo lúmen ficou obstruído, mas as enfermeiras conseguiram ajeitar. Ele me falou também que Miguel ficou o tempo todo bem agitado. Assim que me contou o que tinha acontecido, fui até o berço olhá-lo e, então, percebi que o travesseirinho e o colchão estavam molhados. Inicialmente pensei que ele tinha vomitado, mas depois vi que a substância não tinha cheiro nem aspecto de vômito. Então Júnior percebeu que era a alimentação parenteral que estava vazando pelo cateter.

Em função disso, o cateter teve que ser retirado de Miguel. Patrícia ficou preocupada e triste, achando que isso tinha acontecido por falta de cuidado, mas não foi, pois o médico já tinha avisado que esse cateter só ficaria em Miguel por no máximo vinte dias, depois teria que ser trocado pelo PIC.

Apesar disso, fiquei bastante estressada e, para piorar a situação, uma enfermeira técnica me entregou um laudo da ultrassonografia de Miguel, como se fosse o resultado do exame que ele tinha feito no dia anterior. Quando abri para ler, o laudo dizia que as imagens eram sugestivas de obstrução intestinal. Quase enlouqueci ao ler o que estava escrito. Olhei para ver se o nome dele e o do médico estavam corretos. Então, deixei-o com minha mãe e desci correndo ao setor da ultrassonografia para falar com o médico, afinal de contas, ele havia dito que estava tudo correto com o intestino de Miguel.

Nem esperei o elevador, desci as escadas em uma velocidade incrível. Cheguei ao setor e disse para a secretária que queria falar com o médico. Ela me disse que o médico tinha acabado de sair do hospital. Assim, pedi que ela ligasse para o celular dele e informasse o que estava acontecendo, e que eu estava querendo um esclarecimento sobre esse laudo que recebi. Ao falar com ele, a secretária me disse que de alguma forma esse laudo estava equivocado, que ele se lembrava bem do exame e que Miguel não estava com obstrução intestinal.

Na mesma hora o médico, muito atencioso, voltou ao hospital e percebeu o engano acontecido. O laudo que a enfermeira havia me entregado era de um exame feito antes de uma das cirurgias. No calor das emoções, conferi apenas o nome de Miguel e do médico, e não me lembrei de conferir a data. Essa enfermeira cometeu um erro brutal, jamais ela poderia ter me entregado o laudo de um exame antigo, como se fosse o novo.

Mais um erro da equipe, e, por causa disso, estava cada vez mais irritada com algumas pessoas desse hospital. São poucas as que erram, mas acontece que um erro pode causar a morte ou deixar alguma sequela em um paciente.

Quase tive um ataque cardíaco e um pico de pressão alta, de tão nervosa que fiquei.

Os hospitais deveriam aplicar uma pesquisa com os pacientes e familiares sobre o funcionamento do hospital, sobre os problemas nas instalações e sobre o atendimento e profissionalismo de seus funcionários, pois muitas vezes o estabelecimento fica com má fama ou é prejudicado sem que nem mesmo os proprietários saibam do está acontecendo e dos erros de seus profissionais. Por meio de uma pesquisa, principalmente com pacientes que ficam muito tempo internados, os gestores dos hospitais ficariam cientes do que de fato acontece.

Nesse mesmo dia a enfermeira Ciara veio ao hospital tentar passar um novo PIC em Miguel, por isso o levaram à UTI para que fosse realizado esse procedimento. Ciara é uma enfermeira competente. Acho que Miguel sabia disso, pois adorava escolher os plantões noturnos dela para apresentar alguma alteração. Sem falar na quantidade de PICs que ela passou nele nesse período todo.

Quando ele voltou para o quarto, quase que esse PIC ficou obstruído, no entanto as enfermeiras Diana e Cíntia conseguiram reverter a situação. Nesse meio-tempo fiquei conversando com a psicóloga do hospital. Mas essa conversa de quase nada me adiantou, pois a psicóloga não conseguiu entender a profundidade da minha dor e sofrimento. Ajudava-me mais as conversas com outras mães de UTI. Só quem sofre ou sofreu essa mesma dor consegue ajudar quem está passando por isso.

Quando cheguei ao quarto as enfermeiras já estavam indo embora, então apenas me comunicaram o que havia acontecido.

Ainda bem que não estava lá, pois era capaz de ter tido um ataque de nervos.

Passei o dia muito triste e nervosa, ainda assim conversei com a enfermeira Carmem, na lanchonete do hospital, e isso me fez muito bem. Uma profissional muito competente e muito humana.

***

Muitas vezes, para ver se me sentia melhor, saía um pouco do hospital para fazer um passeio com minha mãe, ou com alguma amiga, e geralmente acontecia de eu ficar ainda mais triste, pois via muitas mães passeando com seus filhos no colo ou em carrinhos de bebê e pensava: "Quando poderei viver isso? Será que algum dia terei o prazer de passear com Miguel?". As lágrimas desciam em meu rosto, por mim e por Miguel, então pedia baixinho, mas do fundo do meu coração, que Deus me desse a bênção de um dia viver esses momentos também.

***

Em 6 de janeiro passei quase o dia todo sozinha com Miguel no hospital. Júnior foi visitar um cliente pela manhã, e depois foi ver a família na praia. Graças a Deus o dia foi calmo. À noite uma enfermeira técnica da UTI, de quem gostava muitíssimo, a Márcia, veio dar o plantão conosco para ver se eu conseguia dormir melhor. Foi a primeira noite em meses em que realmente consegui relaxar e dormir. Fiquei na cama, Júnior no sofá-cama, e Márcia na rede com Miguel. Como era uma excelente profissional e confiávamos muito nela, além de estarmos no quarto com ele, realmente dormi profundamente. Não ouvi as bombas apitarem, as enfermeiras entrarem no quarto para colocar as medicações, não vi se Miguel chorou, enfim, não vi nada, apenas dormi.

Quando o dia amanheceu e o despertador tocou, nem acreditei que isso realmente tinha acontecido. Foi muito bom para mim, e agradeço a Márcia até hoje. Jamais me esquecerei dessa pessoa tão especial.

***

No dia 7 de janeiro minha mãe precisou se submeter a uma cirurgia de esterectomia no mesmo hospital em que estávamos. Minha tia Cê foi quem realizou essa cirurgia. Por alguns dias ela teve que ficar internada em um quarto no mesmo andar.

Nesse mesmo dia Júnior recebeu no orkut uma mensagem de um rapaz, que tinha passado no concurso da Aeronáutica, avisando que ia desistir do concurso, e que por isso Júnior fosse muito feliz e que aproveitasse a vaga.

Assim, Júnior iria passar três meses longe de mim e de Miguel... Eu teria que aguentar a barra no hospital sozinha. Será que iria conseguir?

Miguel estava pesando 4,279 kg e a vancomicina estava sendo passada no microfixo em mais ou menos uma hora.

No oitavo dia do ano ele passou o dia todo sorrindo muito. Cada dia que passava, ele ficava mais esperto: sorria, conversava, prestava atenção nas coisas. Meu amor por ele aumentava mais e mais a cada dia.

Minha mãe recebeu alta e fiquei sozinha no hospital novamente.

***

No dia 9 de janeiro Miguel estava fazendo seis meses de vida, e quase perdeu o PIC. Boa parte dele saiu, contudo, quando tiraram o raio-x, viram que ainda dava, pois a ponta ainda estava no ombro. O correto é estar posicionado no coração, mas me disseram que do jeito que estava ainda poderia ficar.

Por causa disso fiquei muito nervosa, com os nervos à flor da pele. Para tentar proteger mais o PIC, fiz uma faixa de fralda de pano e coloquei na cabeça de Miguel para tornar o curativo mais seguro.

***

No dia 10 de janeiro Miguel voltou a ganhar um pouco mais de peso, estava com 4,515 kg, e cresceu 3 cm, passando a medir 58 cm. A fisioterapia também foi retomada e ele mostrava a todo o mundo que sabia fazer barulhinho com a boca.

***

O dia 11 de janeiro foi muito especial... Um dia leve e cheio de emoções! Na fisioterapia, pela primeira vez Miguel mostrou interesse pela caixa de brinquedos utilizada nas seções. Ele esticou o braço e, com a mãozinha, pegou um brinquedo de dentro da caixa. Também pela primeira vez deu gargalhadas com as brincadeiras que o papai estava fazendo para ele... E o que mais me emocionou e acalentou o meu coração foi quando ao chorar, no colo de tia Paty, esticou os braços e falou: "Mamãe". Que música linda aos meus ouvidos... ouvi pela primeira vez o meu filho me chamar de mamãe. Espero ouvir esse chamado o resto da minha vida! Um momento mágico.

Também nesse dia a dieta de Miguel foi aumentada para 75 ml, passando a 30 ml/h, e a alimentação parenteral foi reduzida. Um passo importante para a tão esperada liberação dessas bombas de infusão além da possibilidade de que se alimente normalmente, igual a qualquer bebê da idade dele.

***

No sábado, dia 21 de janeiro, foi o dia de organizar os preparativos para o batizado formal de Miguel, uma vez que ele já tinha recebido o batizado de emergência pelas mãos da minha tia Cê na UTI, antes da primeira cirurgia.

Meu amigo e conselheiro Pe. Zezinho chegou a Natal no final do dia. Fui junto com Gabi buscá-lo no aeroporto. Ele quis ir direto para o hospital conhecer o Miguel, e também os profissionais que estavam cuidando dele.

Ao chegarmos, subimos direto para o nosso quarto. Pe. Zezinho conheceu Miguel, e ficou um tempo lá nos ouvindo contar tudo o que estava acontecendo, pois, por telefone, não tínhamos como detalhar com precisão.

Ele ficou impressionado com o olhar de Miguel. Falou que ele tinha um olhar muito expressivo e que mostrava que tinha força, queria viver e era feliz. Aliás, o olhar de Miguel sempre foi algo que chamava a atenção de todas as pessoas que o viam. Todos sempre falavam a mesma coisa: como o olhar dele era expressivo e demonstrava felicidade.

Depois, Pe. Zezinho pediu que eu o levasse para conhecer todas as instalações do hospital e, principalmente, a UTI que Miguel havia ficado internado por tantos meses. Foi curioso, pois, quando abrimos a porta do quarto, todos os acompanhantes dos outros pacientes estavam nas portas dos quartos à espera de que o padre passasse e desse uma bênção ao paciente.

Pe. Zezinho entrou em todos os quartos e abençoou todos os doentes e também seus familiares. Ainda conversou e abençoou todos os médicos e enfermeiros que lá estavam. Foi um momento de paz no hospital.

Quando chegamos à UTI neonatal, quem estava lá era Dr. João. Ele falou bastante com Pe. Zezinho e contou um pouco sobre tudo o que Miguel já havia passado.

O padre, então, abençoou Dr. João e todas as enfermeiras que estavam de plantão. Depois, aproximou-se de cada bebê e abençoou cada um. Senti-me superbem de assistir a tudo isso. A minha fé e esperança se renovaram.

Depois de toda essa peregrinação pelo hospital, Júnior foi deixar o padre na casa em que ficaria hospedado.

Chegou o dia de complementar o batismo de Miguel com a veste branca, o óleo, e as promessas dos padrinhos e pais, com a vela.

O batismo de Miguel ocorrera em 13 de janeiro (um domingo bem ensolarado), mesmo dia em que a nossa Igreja Católica comemorou o batismo de Jesus Cristo.

Ele agora estava pesando 4,560 kg.

Deu trabalho para organizar tudo, mas minha mãe e meus irmãos me ajudaram muito. O hospital nos emprestou uma sala de reunião para a realização da celebração. Só estavam presentes as pessoas mais próximas: nossos pais, irmãos, amigos mais próximos, além dos médicos e enfermeiros.

Para iniciar a celebração, tentei falar algumas palavras de agradecimento a todos que lá estavam presentes e nos apoiando, e ler um texto presente no início do livro *Mãe de UTI*, que diz o seguinte:

Um bebê estava prestes a descer à terra, então ele perguntou a Deus:

— Deus, aqui sou tão feliz, os anjinhos cantam e sorriem para mim. Por que devo ir à terra?

Então Deus respondeu:

— Estou mandando um anjo para cuidar de você na terra, e esse anjo vai cantar e sorrir pra você.

— Mas, Deus, eu não sei falar a língua dos homens. Como vou fazer?

— Não se preocupe: seu anjo vai lhe ensinar a língua dos homens e todos os seus costumes.

— Deus, dizem que na terra existem muitos perigos. Quem me protegerá?

— Seu anjo estará sempre a seu lado, cuidando e protegendo você, mesmo que isso implique riscos para ele.

— Deus, eu sentirei tua falta. Como vou falar com o Senhor?

– Seu anjo vai lhe ensinar, unindo suas mãos, a falar comigo. Então, quando o bebê estava quase descendo à terra, aflito quis saber:

– Deus, qual é o nome do meu anjo?

– Você o chamará de mãe.

Chorei. A emoção que sentia era muito grande, então passei logo a palavra para os sacerdotes lá presentes: Ms. Lucas Batista Neto (nosso pároco, que estava concelebrando o batizado) e Pe. Zezinho. Sei que todos me entenderam.

Miguel se comportou muito bem durante seu batizado, ouviu com atenção as palavras do padre e observou todos os acontecimentos tranquilamente. Não houve quem não se emocionasse.

Para um menino tão guerreiro e forte, eram necessários três madrinhas e um padrinho: tia Cê (que foi quem salvou Miguel e realizou o batismo de emergência), Patrícia (minha cunhada), Gabi e Daniel (meus irmãos).

Como havia poucas pessoas, percebi a presença de uma senhora desconhecida no cantinho da sala. Ela prestou bastante atenção em tudo, rezou e chorou. Depois perguntei a minha mãe quem era, e soube que estava com a filha grávida internada no primeiro andar, e que seu neto Gabriel iria nascer com sérios problemas de saúde. Dessa forma, a história de lutas e vitórias de Miguel estava dando muita força para ela e sua filha Shirlene.

Essa celebração me fez muito bem, pois renovou e conferiu forças à minha fé.

***

No dia seguinte deixei Miguel um pouco com a enfermeira Eve e fui ao quarto de Shirlene, no primeiro andar. Conversamos bastante e contei a ela um pouco do que vinha acontecendo. Falei a ela como era um ambiente de UTI e dei informações para se preparar para o que iria passar, quando seu filho nascesse. Prometi visitá-la todos os dias e disse que traria Miguel um dia comigo para que o conhecesse.

***

No dia 15 de janeiro percebi que os dois dentinhos de baixo do meu bebê estavam nascendo. Ele estava com seis meses e seis dias de nascido. Estava a coisa mais linda.

***

Na sexta-feira, dia 18 de janeiro de 2008, foi confirmado que Júnior passara no concurso da Aeronáutica e que, por isso, ficaria três meses longe de mim e do

Miguel. Será que iria suportar ficar sozinha no hospital, sem o Júnior para me apoiar e ajudar nas decisões difíceis? Seja como fosse sabia que Deus iria me ajudar!

***

No dia 19 de janeiro Miguel voltou a apresentar sangue nas fezes, e por isso mais uma vez a sua dieta de leite foi reduzida.

***

Segunda-feira, dia 21 de janeiro, Júnior viajou de madrugada para Belo Horizonte para participar do curso de formação de oficiais da Aeronáutica.

***

Dia 22 de janeiro foi o primeiro sem o Júnior. Passei o dia triste com isso, pois, se cuidar de um bebê saudável sem o pai já é difícil, se imagine no caso de Miguel, com tantos problemas de saúde! Pedi a Deus que me desse forças para continuar a nossa caminhada em busca da cura de meu filho.

***

No 25º dia do ano, Dr. Reginaldo liberou a metade de uma banana para que Miguel comesse... Fiquei superfeliz e emocionada! É curioso porque, para a maioria das mães, dar a primeira fruta para seu bebê é algo corriqueiro. Mas, para mim, isso teve um grande significado. O enfermeiro técnico Cláudio e as moças da cozinha ficaram superansiosos em ver Miguel comer pela primeira vez.

Sem conseguir conter as lágrimas dei o primeiro pedacinho de banana para Miguel. Não aguentei tanta emoção! Nem preciso falar o quanto ele adorou a fruta: ficou superfeliz e se mostrou guloso como sempre. Quando a metade da banana acabou, Miguel ficou pedindo mais! Quanta felicidade! Tinha esperança de que o organismo dele reagisse bem e pudesse começar a comer normalmente e se livrasse dessas bombas de infusão.

Dr. Reginaldo também voltou a conversar comigo sobre a possibilidade de irmos para casa, utilizando o sistema de *home care*. Que dia maravilhoso!

No outro dia Miguel ganhou mais uma banana. Ele a comeu todinha e ainda pediu mais. Estava nesse momento no colo de vovó Nena (minha mãe), que ficou muito feliz de participar desse momento tão especial.

O enfermeiro técnico Cláudio era mais uma pessoa muito querida, que se mostrava muito dedicado a seu trabalho e a Miguel. Realizava todos os procedimentos com muito zelo e carinho, deixando-nos tranquilos. Deus o abençoe e o proteja de forma a continuar exercendo sua profissão sempre assim.

Essa foi a primeira semana sem o Júnior... Foi difícil, mas ficamos vivos e bem!

***

Nossa casa foi dedetizada com o intuito de prepará-la para a nossa chegada com o *home care*.

***

As assaduras no bumbum de Miguel aumentaram, e temia que tivessem sido desencadeadas devido à diarreia osmótica. Sua dieta foi aumentada para 80 ml, passando a 40 ml/h, e a parenteral foi reduzida para 10 ml/h. No entanto, não concordei com esse aumento na dieta por causa dessas assaduras.

***

Conforme havia pensado, no dia seguinte a dieta foi reduzida para 60 ml, com 30 ml/h, e a parenteral aumentada para 17 ml/h, por causa da diarreia e do sangue nas fezes de Miguel.

Também nesse dia ele comeu a sua primeira maçã. Mais uma emoção, mais um momento mágico da maternidade que Deus me proporcionou!

Dr. Reginaldo conversou comigo sobre a possibilidade de levarmos Miguel a Recife, para a realização de um exame que não existe em Natal e para que ouvíssemos a opinião de outro médico gastropediatra, mais experiente em casos como o dele.

No dia 29 de janeiro Miguel já estava pesando 4,800 kg e ganhou mais uma maçã para comer. Acho que a felicidade de Miguel de comer a maçã só era menor que a minha de poder dar a maçã para ele. Obrigada, meu Deus!

Nesses dias sem o Júnior minha mãe tentou ficar o máximo de tempo conosco. É muito bom ter uma mãe companheira como a minha. Tinha sido tão absorvida pelo meu papel de mãe, que às vezes me fazia bem ser um pouco filha novamente.

Já deu para perceber que a vida em um hospital é cheia de acontecimentos e emoções boas e ruins. Um dia não é igual ao outro. Não existe uma rotina, e nossa cabeça e nosso coração têm que estar prontos para tudo.

***

No dia 30 a assadura de Miguel começou a melhorar, mas o sangue nas fezes aumentou um pouco. Conversei com Dra. Graça Moura pelo telefone, para ela começar a acompanhar o caso de Miguel. Ela é uma médica gastropediatra muitíssimo competente, possui muita experiência e é muito bem recomendada por minhas tias que moram em Recife. Dali a poucos dias deveria viajar com meu bebê a Recife, cidade que nasci, para ele passar por um exame e ser acompanhado por Dra. Graça.

Será que Miguel renasceria na cidade em que sua mãe nasceu? Se isso acontecesse, ele teria dupla naturalidade: potiguar e pernambucano.

Essa ida a Recife para encontrar com Dra. Graça estava renovando minhas esperanças de cura do meu filho.

À noite conversei bastante com Dra. Nívia, e achamos melhor dar uma pausa na dieta de Miguel, durante a madrugada, para tentar reduzir o sangue nas fezes. Ela também preferiu parar com as frutas a fim de tentar melhorar todo o quadro de diarreia e de sangue. Fiquei triste com isso, afinal de contas estava amando os momentos em que podia alimentar meu filhote, mas, como era para o bem dele, aceitei.

Por ocasião da festa de aniversário do nosso amigo Rodrigo, saí pela primeira vez do hospital, depois da ida de Júnior para Belo Horizonte. Fui cedo para a casa de Rodrigo e voltei cedo para o hospital. Enquanto isso, Miguel ficou com a enfermeira técnica Geisa. Fez-me bem sair um pouco do hospital e conversar com os amigos.

***

Primeiro dia do mês de fevereiro, pela manhã Miguel e eu fomos de ambulância a uma clínica para fazer uma cintilografia. Ficamos na clínica das 8h30 às 16h30. Ainda bem que o exame não acusou nenhuma anormalidade no intestino dele, e por isso ficou confirmado que teríamos de ir a Recife realizar uma retosignoidoscopia, para tentar descobrir a origem do sangue nas fezes de Miguel.

Também nesse dia nasceu o bebê de Shirlene, o Gabriel. Ele nasceu com problemas mais graves do que se esperava. Não tinha os dois rins e a bexiga. Fiquei uma parte da tarde com ela, tentando passar-lhe um pouco de força para que suportasse o que enfrentaria. Foi uma barra, mas tentei ajudar no que pude.

Também fiquei sabendo que a esposa de um amigo da nossa família teve morte cerebral decretada. Era uma pessoa jovem e muito ativa. Eles formavam um casal muito querido por todos. Essa notícia contribuiu sobremaneira para meu estado de tristeza. Desejei que Deus abençoasse Dr. Aladim e que desse forças para ele seguir em frente sem sua esposa Fátima. Sei que Deus a recebeu no céu, pois era uma pessoa muito boa e caridosa.

À noite deixei Miguel com a enfermeira Geisa e desci até a lanchonete do hospital para espairecer um pouco. Sempre que ficava nessa lanchonete, observava muito os acontecimentos e as pessoas. As mesinhas ficavam na frente do vidro do berçário e da UTI neonatal. Gostava de observar os bebês recém-nascidos virem para o berçário e suas famílias comemorarem esse momento tão especial.

Subitamente, um alvoroço começou no hospital. Vinha entrando uma criança deitada em uma maca e seus pais choravam e acompanhavam o maqueiro, que levou o menino direto para o centro cirúrgico. Aquela cena me angustiou mais ainda. Quando procurei saber o que tinha acontecido, contaram-me que o menino de 2 anos de idade havia caído da janela de seu apartamento do primeiro andar.

Eu, que já estava triste por Miguel, por mim, por Shirlene e por Gabriel, fiquei ainda mais, por conta desses pais de que nem sabia o nome.

Crianças não deveriam sofrer nem ficar doentes. Isso me deixa abalada. Um dia, quando eu chegar ao céu, vou querer que Deus me explique por que coisas assim acontecem com crianças.

***

Chegou o Carnaval, sábado, dia 2 de fevereiro, mais uma data comemorativa que passávamos dentro do hospital. Fiquei a manhã e uma boa parte da tarde sozinha com o Miguel. Nessas horas é que mais sentia falta de Júnior.

Às nove horas da manhã fiquei sabendo que Gabriel havia morrido. Tentei confortar Shirlene e sua família. Nesses momentos qualquer palavra é bem-vinda e, quando não se sabe o que dizer, a simples presença já representa algo muito importante.

A alimentação parenteral foi aumentada para evitar que Miguel perdesse peso.

Na parte da tarde, vesti Miguel com uma fantasia de Super-homem e de palhacinho, que Patrícia deu de presente para passear com ele pelo hospital e comemorar seu primeiro Carnaval.

Ele ficou lindo e adorou as pessoas falando com ele nos corredores do hospital.

***

Dia 11 de fevereiro consegui visualizar o dentinho de baixo do meu filho.

***

No dia 12 de fevereiro deixei Miguel com Eve no hospital, e fui, com minha mãe, tentar agilizar a autorização da ambulância de UTI para que pudéssemos levar Miguel para Recife. Já que o hospital não estava conseguindo, eu, como mãe, teria que fazer as pessoas entenderem a nossa necessidade de ir para Recife. Chegando lá na sede do convênio, disse que precisava falar diretamente com o diretor, ou seja, com quem poderia resolver meu problema. A enfermeira e a assistente social que costumavam ir ao hospital me viram lá e vieram conversar. Contei a elas o porquê da minha visita na sede e elas ficaram de me ajudar. Não cheguei nem a falar diretamente com o diretor da instituição e consegui resolver o problema. Na mesma hora foram autorizadas a ambulância, e a equipe de médica, enfermeira e motorista para nos acompanhar.

Quando cheguei ao hospital, vieram logo me dizer que a autorização já havia chegado e que viajaríamos no outro dia bem cedo.

Algo no meu coração de mãe me dizia que Miguel seria "curado" em Recife. Meu sexto sentido de mãe me dizia que ele iria renascer na capital pernambucana, cidade em que nasci. Então, fui ao shopping e comprei umas roupinhas bem bonitas para ele usar em Recife, afinal de contas iria conhecer a outra parte da família, e quem sabe por lá poderia passear.

Cheguei ao hospital à noite, e fui arrumar tudo para viajarmos no outro dia às cinco horas da manhã. Confesso que, depois de aprontar as coisas, começou a me bater um medo. Medo de ir para um hospital em que não conhecia ninguém, medo porque estávamos sem o

Júnior, medo porque minha mãe não estaria mais comigo todos os dias, medo do que iria acontecer, medo do novo, do que não conhecia.

Onde estava Miguel e eu já conheciamos todo mundo, do porteiro ao dono. Todos os médicos, os enfermeiros, o pessoal da cozinha, os outros pacientes e seus familiares. Além disso, éramos também respeitados por todos, o que tornava o ambiente mais familiar e aconchegante.

A enfermeira Cintia me ajudou na arrumação e me deu também um "kit de sobrevivência" para levar na viagem. Esse kit continha os principais itens usados por Miguel, caso eu não tivesse acesso rápido a eles no novo hospital. Achei isso maravilhoso, porque me deu mais segurança na partida.

Nessa noite quase não consegui dormir, tamanha era a ansiedade.

CAPÍTULO 8

Se todos os sonhos falharem,
construa outros sonhos.
Um a um, cada um de novo.
Nunca, jamais desista!
Não desista nunca de você.
É dentro de você que nasce todo o amor
necessário para gerar mais força.
Não adianta esperar fatos exteriores
para preencher seu coração.
Só você pode fazer isso.
E, se possível, pense pouco.
(Maria Julia Miele)

O dia amanheceu, chegou a hora de irmos para Recife. Saímos do hospital às cinco horas da manhã. Miguel se comportou muito bem na viagem, pereceu gostar bastante. Ele foi sentado no meu colo dentro do canguru, e adorou olhar a paisagem pela janela. No carro, atrás da ambulância, estava meu sogro Jair, Gabi e a enfermeira Geisa, levando nossas bagagens e indo para nos apoiar.

A viagem foi tranquila, sem nenhuma intercorrência. Estava ansiosa e apreensiva, pois minhas esperanças de cura de Miguel estavam todas em Dra. Graça. Mas também preocupada por não saber o que iríamos passar e como seriam os profissionais com quem iríamos lidar dali em diante.

Chegamos a Recife por volta das oito e meia da manhã. Quando chegamos ao Hospital Memorial São José, tia Zina, Irla, vovó Didi e vovô Geraldo já estavam nos esperando na porta do hospital. Falei com eles e, enquanto conheciam Miguel, que ficou na ambulância com a médica que nos acompanhou, entrei no hospital para organizar a parte burocrática da internação.

Resolvido tudo, fomos para o andar da pediatria. Trocaram as bombas de infusão que estavam ligadas a Miguel por outras do hospital. A equipe que nos acompanhou voltou logo em seguida para Natal.

Pouco a pouco, as pessoas da minha família foram chegando para conhecer Miguel. Quando percebi, o quarto estava cheio de gente, uma diversão só, todos conversando e desejando melhoras para meu filho. A enfermeira chefe não gostou e veio me pedir que dissesse a todos que fossem embora, mas não concordei, pois meu filho e eu estávamos precisando nos distrair e ficar um pouco junto a nossa família, que tanto nos quer bem e nos ama.

À tarde ficaram conosco tia Zina, Irla, vovó Didi e vovô Geraldo. Também permaneceram no quarto Jair, Gabi e Geisa. Quando chegou a hora do exame de Miguel, Geisa e eu fomos com ele para o setor do hospital para a realização do procedimento. Para essa retossigmoidoscopia Miguel foi sedado, e não deixaram nem eu nem a Geisa acompanhar o procedimento. Deixei-o na sala do exame e saí chorando muito. Mais uma anestesia, mais uma sedação, mais um procedimento invasivo. Sentei nas cadeiras de espera e deixei sair em forma de lágrimas tudo o que eu estava sentindo, principalmente o medo da perda do meu bebê que tanto amo. Estava me sentindo acabada, derrotada pela vida, afinal por mais força e fé que tenhamos, todos temos a hora e o direito de chorar, de temer e de lamentar.

Em meio ao meu choro, uma senhora se aproximou de mim e perguntou se eu era a mãe de Miguel. Respondi que sim, e logo ela se apresentou:

– Sou Dra. Graça.

Olhei para ela e dei um sorriso bem forçado. Então ela me perguntou:

– Por que está chorando, aconteceu alguma coisa mais grave com Miguel?

Respondi:

– Não. Apenas estou chorando de medo de perder meu filho. Estou chorando de pena do meu filho por mais um procedimento invasivo. Estou chorando por estar sem meu marido. Estou chorando por mim, que sinto minhas forças estarem acabando. Estou chorando porque você é a minha última esperança de cura do meu filho.

Ela me ouviu, me abraçou e disse:

– Que responsabilidade você está colocando em minhas mãos. Não se preocupe, farei tudo o que estiver ao meu alcance para salvar e curar seu filho. Não perca a fé e esperança... Chore, mas continue lutando, como fez desde o início. Vou lá na sala de exame para verificar como estão as coisas.

Dito isso, Dra. Graça levantou-se e foi para a sala do exame. Acalmei-me um pouco, parei de chorar e fiquei aguardando o término do procedimento. Senti no mesmo instante que essa médica era um anjo que Deus enviara para curar Miguel e salvar nossa vida.

Acreditem, anjos existem e são enviados por Deus para nos proteger e nos salvar. Temos um anjo da guarda enviado do céu que fica conosco desde que nascemos, mas Deus também usa algumas pessoas para servirem de anjos na nossa vida. Portanto, ora somos anjos, ora somos por eles acudidos.

Um filho na UTI

Quando acabou o exame, voltamos com Miguel para o quarto. Dra. Graça me disse que o exame não detectou nada de grave, só uma inflamação no lado esquerdo do colo do intestino grosso.

A doutora me disse também que não havia previsão de liberação para voltarmos a Natal. Então Jair decidiu voltar e levou a Geisa. Mas a Gabi ficou conosco. Fiquei triste por Geisa não poder ficar conosco, pois ela me ajudava muito nos cuidados com Miguel, principalmente quando tinha algum procedimento invasivo, como exame de sangue, injeção, ou mudança da sonda nasogástrica. Contudo ela precisava voltar para Natal por causa dos seus estudos.

Recebemos muitas visitas, entre elas a de Mirela, uma amiga muito especial. Trouxe-nos o convite do aniversário de 1 ano do seu filho Léo. Agradeci muito o convite, mas disse que era pouco provável que fosse, pois não me sentiria bem em ir e deixar Miguel. Foi muito delicado da parte dela me dizer: "Quem sabe até lá você não poderá ir e levar o Miguel?".

Realmente seria um sonho poder levar meu filho a uma festinha de aniversário! O futuro a Deus pertence!

Nessa noite Gabi ficou conosco no hospital. Como estava bastante cansada e apreensiva por causa desse dia tão cheio de emoções, ela passou a noite toda com

155

Miguel em seu colo, enquanto eu dormia no sofá do quarto. Essa minha irmã realmente é maravilhosa!

***

No dia seguinte, Dra. Graça e Dr. Fernando Cruz (cirurgião pediátrico que trabalhava com a doutora) foram ao hospital conversar comigo para se inteirarem melhor do caso de Miguel, fazer o prognóstico e, assim, dar andamento no tratamento. Contei com detalhes a eles tudo o que tinha acontecido desde a gravidez. Eles ouviram e anotaram tudo.

Solicitaram, então, que se fizesse outro exame com contraste para verificar o tempo de trânsito intestinal de Miguel, que, de acordo com o exame, era de um hora e meia.

Diante de tudo o que contei e dos resultados dos exames feitos no último dia, Dra. Graça e Dr. Fernando disseram-me haver grandes perspectivas para a recuperação e cura de Miguel. Fiquei muito feliz com o que me disseram... Deus seja louvado!

À tarde notei que a bomba de infusão ligada ao PIC estava apitando mais que o comum, o que indicava aviso de obstrução do equipo. Logo chamei a equipe de enfermagem para verificar o que estava acontecendo. A enfermeira chefe demorou muito a vir, mesmo com todo o meu apelo de socorro. Ante a situação, comecei a ficar nervosa e a gritar no corredor do hospital, e só assim a enfermeira veio. Ela olhou a bomba e o PIC e mandou pedir o material necessário para desobstruí-lo, mas esse material também demorou a chegar. Fiquei louca de raiva, pois, quando o material chegou, a enfermeira não conseguiu mais salvar o PIC. Briguei com a enfermeira e lhe disse uma porção de coisas, descarregando minha raiva e nervosismo, já que o infortúnio se deu devido à falta de rapidez dela em vir atender meu chamado.

Por causa disso foi feito um acesso venoso periférico em uma veia da perna de Miguel. Um local horrível para a manipulação. Fiquei muito chateada com tudo isso.

Nessa noite Gabi foi descansar e dormir na casa do meu tio Geca, e minha tia Su ficou conosco no hospital.

(Já dava para ver bem o dentinho de baixo do Miguel.)

***

Terceiro dia em Recife... Muitas coisas já tinham acontecido! Vida em hospital é assim mesmo, inúmeros acontecimentos e emoções.

Miguel perdeu a veia periférica que foi puncionada no dia anterior e algo estava errado, pois ele nunca perdera tantos acessos em tão pouco tempo. Mais um momento de nervosismo. A enfermeira mais uma vez demorou a atender ao meu chamado. Lamentável isso! Todos que trabalham em hospital deveriam pensar o quanto esse trabalho é sério e mexe com a vida das pessoas, não só dos pacientes, mas também dos familiares. Atender ao chamado de um paciente imediatamente é o mínimo a ser feito.

Em consequência disso, ficamos esperando Dr. Fernando Cruz chegar para passar um novo PIC no Miguel. Mais um procedimento invasivo, mais sofrimento. Fiquei arrasada com isso. Levaram meu bebê à UTI pediátrica para a realização do procedimento. Gabi e eu ficamos esperando no apartamento. Como muitas veias e artérias de Miguel já foram mexidas, sobraram poucas opções, então Dr. Fernando teve que passar o PIC pela jugular, no pescoço.

Estava muito feliz com o apoio e ajuda que minha família vinha me dando. Durante o dia sempre tinha alguém conosco. Vovó Didi levava-me um almoço gostoso todos os dias, pois não aguentávamos mais a comida do hospital.

Dra. Graça começou a receitar 40 ml de um leite especial na mamadeira para Miguel durante o dia. Ele adorou tomar a mamadeira e eu fiquei muito feliz por poder dá-la. À noite o leite passava pela sonda, para ele conseguir dormir melhor. Ela também passou uma nova medicação a ele, para tentar sanar o problema do sangue nas fezes.

Nessa noite Gabi ficou conosco novamente, e mais uma vez me deixou dormir e ficou com Miguel nos braços a noite toda.

**

O dia 16 foi mais calmo, apesar desse PIC no pescoço.

Todos os dias vovó Didi, vovô Geraldo e Irla vinham ficar conosco no hospital. Eles me ajudavam muito conversando, me distraindo, ajudando nos cuidados com Miguel. À noite acontecia um revezamento entre Gabi, Tia Zina e Su, ou seja, nunca ficava sozinha, sempre tinha alguém da família me fazendo companhia. Deus seja louvado e abençoe a todos eles!

Nessa noite foi Tia Zina quem ficou conosco. Foi uma noite muito conturbada. Por volta das duas e meia da madrugada, a bomba de infusão da parenteral começou a apitar novamente, acusando oclusão do equipo, então chamamos a enfermeira chefe. Ela não quis ajeitar o curativo do PIC e ajustá-lo, mas mesmo assim conseguiu desobstruí-lo. Mas até que isso acontecesse já eram cinco horas da manhã. Fiquei novamente muito nervosa e apreensiva, pois temia que Miguel perdesse mais um PIC e tivesse que passar por esse procedimento doloroso novamente, sem falar que ele praticamente não tinha mais veia nem artéria disponível para pulsão.

Às seis horas da manhã a tal bomba voltou a apitar, e mais uma vez a enfermeira teve medo de ajeitar o curativo do PIC. Ela fez a manobra com a seringa para tentar evitar a obstrução total do PIC e esperou a troca de plantão para que a outra enfermeira resolvesse o problema. Entretanto, esse medo da enfermeira ocasionou a obstrução total e perda de mais um PIC em tão pouco tempo. Por mais que tenha pedido a ela que ajeitasse o curativo, deixou aquilo acontecer. Quando a outra enfermeira assumiu, não tinha mais nada a fazer, o PIC já estava obstruído. Lamentável, mais uma vez!

Acho que essas perdas de acesso ocorreram não só devido à falta de preparo da equipe, mas também porque a bomba de infusão deveria estar com defeito, com pouca força para levar a parenteral, e por isso o sangue coagulava, causando a obstrução.

***

No final da tarde do dia 17, a enfermeira chefe tentou passar outro PIC em Miguel, mas não conseguiu. Por causa disso Dra. Graça aumentou a dieta dele para

50 ml na mamadeira e 60 ml pela sonda, já que ficaria até o dia seguinte sem a parenteral.

***

No dia 18 de fevereiro, segunda-feira, Dra. Graça veio conversar comigo e falou o que há muito tempo queria e esperava ouvir. Disse que retiraria a sonda de Miguel e que não colocaria outro PIC, portanto, ele ficaria sem nenhum fio. Ela e o Dr. Fernando resolveram ver como Miguel reagiria sem o apoio da nutrição parenteral e se alimentando apenas com a mamadeira. Que felicidade senti, depois de tanto tempo, em poder pegar meu filho no colo, dar banho e passear com ele pelos corredores do hospital, sem que tivesse nenhum fio ligado a seu corpo. Deus seja louvado e abençoe hoje e sempre Dra. Graça e Dr. Fernando!

Depois desses cinco primeiros dias em Recife tão atribulados e estressantes, Deus me deu dias mais calmos e cheios de bons acontecimentos. Miguel aceitou bem seu novo estilo de vida sem fios, sem alimentação parenteral e sem sonda. O único problema é que era muito guloso e sempre que acabava a mamadeira chorava querendo mais. Foi assim que começou um longo romance do meu bebê com a mamadeira. Ele terminava de tomar o leite e não queria largá-la até chegar a hora da próxima. Ficava bem agarradinho a ela, e nem dormindo a soltava.

Assim foram se passando os dias, sempre com muitas visitas da minha família, ajuda de todos, e escala para a noite entre Gabi, tia Zina e Su. Se antes já valorizava a minha família, depois disso, passei a valorizá-la ainda mais.

Todos os dias Dra. Graça via Miguel e acompanhava sua evolução. Percebia o quanto ela ficava feliz com cada mínima evolução apresentada e como ele estava ficando bem sem aqueles fios. Ela não é só uma excelente médica, como também um ser humano incrível. Disse a ela que no fim de semana seguinte Júnior viria de Belo Horizonte para nos encontrar, principalmente para ver nosso bebê vivendo agora sem o auxílio de bombas de infusão e fios.

Ela sempre procurava me alegrar e me deixar bem. Quando disse que Júnior chegaria na sexta-feira, ela me falou para deixar Miguel com Gabi e tia Zina e que eu fosse a um salão de beleza ajeitar meus cabelos e ir ao shopping comprar uma roupa nova. Disse-me que eu era muito bonita e que não deveria me esquecer disso.

Assim fiz. Minha querida prima Luciana me levou a um salão, onde cortei os cabelos e fiz uma escova e unhas. No outro dia, vovó Didi e vovô Geraldo me levaram ao shopping e me compraram algumas roupas novas de presente. Enfim, fiquei renovada.

***

Na sexta-feira, dia 22 de fevereiro, Júnior chegou à noite no hospital. Ficou emocionado ao ver nosso filho tão bem e sem fios. Abraçamo-nos e choramos juntos... Choramos pela saudade, choramos por todos os sofrimentos que estávamos passando, choramos por nosso filho estar conseguindo ficar bom. Nessa noite não foi preciso que ninguém ficasse no hospital, já que o Júnior estava lá.

No sábado de manhã, chegaram também minha mãe, meu pai, minha sogra e minha cunhada Patrícia. Mais uma vez estávamos recebendo muitas visitas. Isso era motivo de muita alegria!

À tarde Dra. Graça veio ver Miguel e explicar a todos como estava a evolução dele. Quando ela viu o Júnior, falou:

— Você viu como sua esposa está linda, com os cabelos arrumados, unhas feitas e roupa nova?

Júnior respondeu:

— Vi, sim.

***

Dra. Graça não só tratava e cuidava de Miguel, mas também de mim. Ela conseguia cuidar do meu ser, da minha mente, do meu coração, da minha alma de mãe, tão machucada! Essa médica se preocupa em fazer mais do que a faculdade ensinou, e não deixou a medicina e a vida lhe roubarem a sua humanidade e sensibilidade inerentes. Uma médica do corpo e da alma, uma médica não só do paciente mas também da família. Um verdadeiro anjo de Deus!

***

Entramos no quarto e Dra. Graça explicou a todos o estado de Miguel e quais eram suas expectativas com relação a ele. Estavam lá minha mãe, meu pai, Conceição, Patrícia e Júnior.

Esse fim de semana foi muito bom. Mas o melhor foi ter Júnior novamente conosco... Estávamos com saudade! Acredito que para o Júnior também foi muito gratificante nos ver bem.

***

Chegou o domingo e a hora de Júnior voltar para Belo Horizonte. Minha mãe, meu pai, vovó Didi e vovô Geraldo ficaram com Miguel no hospital, enquanto fui de táxi deixar o Júnior no aeroporto. Despedida é sempre ruim, e nessa situação era pior ainda. Choramos...

Ficar sem ele nesse momento era muito difícil, mas sabia que era necessário, por isso, tentava demonstrar o mínimo possível a minha dor, o meu medo. Ele precisava da máxima tranquilidade para continuar o seu curso de formação militar.

***

Mais uma semana começou, e meu filho estava evoluindo bem. Vinha ganhando peso vagarosamente. Porém, o importante era ganhar peso, e jamais perder. Estava agora com 4,610 kg e, em decorrência disso, a doutora começou a falar em alta.

No entanto estávamos há tanto tempo nessa situação que a palavra "alta" parecia algo tão distante para mim. Ainda assim, logo comecei a ficar animada e a sonhar com esse dia.

***

Na terça-feira, dia 26 de fevereiro de 2008, Dra. Graça me disse que, se Miguel continuasse bem, nos daria alta no dia seguinte. Isso soou como música para meus ouvidos... Creio que a música mais linda que já ouvi. Quanta coisa passou em minha cabeça nesse momento, quanta felicidade senti!

Percebi no semblante da doutora a satisfação e alegria que também estava sentindo em me dar essa notícia. Ela, com certeza, foi enviada por Deus para nos salvar... Salvar o meu filho e, consequentemente, a mim, o Júnior, e a nossa família, que sofria junto conosco.

Assim que ela foi embora, liguei para o Júnior e contei a novidade... Queria dividir com todo o mundo a minha felicidade!

***

O dia amanheceu, era uma linda quarta-feira, dia 27 de fevereiro de 2008. Meu filho agora tinha 7 meses e 18 dias de nascido. Exatamente catorze dias após chegar a Recife, lá estava eu, minha mãe e tia Zina esperando Dra. Graça chegar para nos dar a tão sonhada alta hospitalar. Não conseguia parar quieta, de tão ansiosa... Não pude nem comer. Só ingeri alguns chocolates. Em quanta coisa eu estava pensando... Era tanta alegria, tanta felicidade. O tempo não parecia passar...

Por volta de uma e meia da tarde, a doutora entrou no quarto, com ar de felicidade e satisfação. Parecia estar dando alta para seu próprio filho. Abracei-a muito e nessa hora ela me disse:

— Renata, aproveite esse momento. Faça tudo o que sonhou e planejou fazer com seu filho durante todos esses meses. Vá bem cedinho à praia, a uma praça... brinque, passeie. Só não vá com ele a lugares fechados e com ar-condicionado, como shoppings e supermercados. Faça com seu filho tudo o que sonhou.

Logo me lembrei do convite de aniversário que tinha recebido da minha amiga Mirela. Então perguntei à Dra Graça:

– Nesse domingo acontecerá uma festinha de aniversário de 1 ano do filho de uma amiga. Posso ir com Miguel?

Ela respondeu:

– Se for em local aberto, e sem ar-condicionado, pode, sim. Só não o deixe em contato com nenhuma criança que esteja doente, por causa da imunidade.

Dra. Graça me explicou que a alta poderia não ser definitiva, que era um teste. Miguel teria que ganhar peso. Disse-me que, se ele começasse a perder peso, teria que voltar ao hospital para receber alimentação parenteral. Também me disse que todos os dias nós deveríamos nos falar pelo telefone, para que fosse passado a ela um relatório sobre o estado de Miguel e que uma vez por semana deveria levá-lo ao seu consultório para medir e pesá-lo. Dito isso, deu-me novamente um forte abraço e disse: "Vá, e seja feliz!".

Saiu do quarto e me deixou lá arrumando as coisas para irmos embora. Liguei para o Júnior e falei: "Agora é de verdade, recebemos alta".

Júnior comemorou muito do outro lado da linha.

Vovô Geraldo, vovó Didi e minha mãe vieram ao hospital para ajudar a levar as bagagens. Eu, que há catorze dias cheguei a esse hospital com meu filho trazido por uma ambulância de UTI, sem previsão de alta, estava saindo com meu bebê nos braços, sem nenhum fio, e usando uma roupinha linda. Cumpri a burocracia do hospital com Miguel nos braços, despedi-me de todos e pedi desculpas por meus momentos de nervosismo.

Acho que meu sorriso era o mais alegre e me sentia a pessoa mais feliz do mundo. Com certeza, todos percebiam a minha felicidade, porém não conseguiam imaginar o quanto esta era grande.

As bagagens foram no carro de vovô e eu, Miguel, minha mãe e tia Zina seguimos em outro carro. No meio do caminho, minha tia parou em um supermercado para comprar banheira, toalha, xampu, fraldas e algumas outras coisas que Miguel iria precisar. Ela e eu descemos do carro para cuidar disso e minha mãe ficou com Miguel.

Chegamos então à casa de tia Zina e tio Fernando, onde ficaríamos hospedados enquanto a doutora não nos liberava para voltarmos a Natal.

Tia Zina, com toda a delicadeza e verdadeiro amor de mãe, nos cedeu o seu quarto para que ficássemos mais confortáveis. Ela e tio Fernando ficaram no quarto das minhas primas.

Foi a noite mais maravilhosa e emocionante da minha vida. Ninguém imagina o que senti, ao me deitar na cama dos meus tios, com Miguel ao meu lado, livre, sem fios, sem aparelhos, sem enfermeiras, sem intervenções de outras pessoas... Apenas ele e eu!

Depois de tantos meses de separação entre mãe e filho, com médicos, enfermeiros, fios e aparelhos sobre nós, agora éramos novamente só dois... Mãe e filho na mais completa harmonia.

Depois que Miguel dormiu em meus braços, sendo embalado em uma cadeira de balanço, e ouvindo uma linda música de ninar, fui para o quarto, coloquei-o na cama e me deitei a seu lado. Fiquei ali quieta, parada, olhando para o meu bebê, que dormia tranquilamente. Segurei sua mão e rezei. Rezei agradecendo a Deus por essa imensa graça de estar ali com meu filho vivo e se recuperando.

Foi uma noite longa, pois Miguel tinha que tomar mamadeira a cada três horas. Ele ainda fazia muito xixi e suas fezes eram líquidas. A fralda vazava constantemente. Eu o limpava com o maior cuidado do mundo, para que não acordasse e chorasse querendo mamar antes da hora.

169

Os primeiros dias foram difíceis, mas não mais do que os que vivi no hospital. Agora as dificuldades eram outras... Noites maldormidas, algumas intercorrências de gripes, vômitos, agitação sem motivo aparente e, junto com tudo isso, um pouco de medo. Medo do novo, medo de não ter mais à disposição médicos e enfermeiros o dia todo. Contudo, ao conseguir resolver cada problema, me deitava na cama com um imenso sorriso no rosto, pois meu filho estava ali ao meu lado e em casa. Eu o beijava e sem cansar rezava e agradecia a Deus por estar podendo viver tudo isso e por conseguir superar os meus medos em função de algo maior: meu filho!

CAPÍTULO 9

Não diga a Deus que
você tem um grande problema;
diga ao seu problema que
você tem um grande Deus.
(da fábula "Os três leões")

Amanheceu o dia 28 de fevereiro, o primeiro dia fora do hospital. Miguel acordou muito cedo. Fiquei com ele olhando a rua através da varanda da casa. Tinha de mostrar a ele as coisas do mundo... Carros passando, pessoas andando para lá e para cá, carroças puxadas por cavalos, crianças brincando, passarinhos voando... Enfim, queria apresentar-lhe tudo o que ainda não tinha visto.

Depois, fui com ele para a área da piscina. Lá, minha prima Cristiane dava aulas de hidroginástica às seis horas da manhã. Miguel gostou de assistir e passou a acompanhar todas as aulas. Minha avó era aluna dessa turma, e isso fazia bem a ela e a nós, pois ficávamos muito felizes em vê-la assim tão cedo.

***

Nesse período Miguel ainda chorava muito entre uma mamadeira e outra, porque sentia fome. Assim, aos poucos Dra. Graça foi aumentando a quantidade de leite. Fazíamos de tudo para distraí-lo, a fim de que se esquecesse da fome. A primeira hora, após tomar o leite, ele ficava bem, mas depois disso começava a se agitar e a chorar de fome.

Semanalmente levávamos Miguel ao consultório da doutora, e aos poucos ela foi incrementando a mamadeira (com cenoura, inhame, macaxeira) e deixando-a mais forte. Pouco tempo depois, ele começou a tomar suco de maçã assada no forno, o que se tornou uma paixão de Miguel até os dias de hoje.

***

O domingo, dia 2 de março de 2008, foi muito emocionante e marcante para mim e Miguel. Foi seu primeiro passeio e a primeira festinha de aniversário de que participou: o aniversário de Léo, filho da minha amiga Mirela. Ela nos fez o convite quando Miguel ainda estava hospitalizado e sem perspectiva de alta.

Foi uma festa linda, e que teve como tema a fazendinha. Miguel ficou atento a tudo, seus olhos brilhavam ao ver tantas crianças correndo de um lado para outro.

Adorou ver os palhaços e gostou bastante dos balões e da decoração colorida.

Não consegui segurar a emoção e chorei ao ver as reações dele. Mas desta vez chorei de felicidade! Acho que estava mais feliz que a minha amiga Mirela e também que Miguel, o qual aproveitou mais a festa que todas as outras crianças. Levei-o para tocar na decoração da mesa, para brincar com os balões, para sentar no colo do palhaço, para brincar no escorregador e no balanço. Poxa, como havia sonhado viver esse momento com meu filho! Pena que o Júnior não estava ali.

***

Onze dias após a alta hospitalar, Miguel estava completando 8 meses de vida... e que vida! Era um exemplo de força, luta e vontade de viver. Nesse dia a minha prima Luciana me levou a um salão de beleza para mudar um pouco o meu visual. Enquanto estava no salão, minha família preparou uma surpresa para mim e Miguel: uma festinha de aniversário. Quanta emoção senti ao chegar à casa de tia Zina e ver tudo pronto e decorado com muito amor e carinho.

Bolo, vela, salgadinhos, docinhos, refrigerantes, balões, presentes... Mais um momento que sonhei viver

enquanto estávamos no hospital. Chorei novamente...
Mais uma vez de muita felicidade!

***

Nesse período as fezes de Miguel ainda eram bastante líquidas, além de ele evacuar muitas vezes ao dia (entre cinco e dez vezes). E sempre acontecia de a fralda vazar e sujar tudo, a ponto de ele ter que tomar banho, assim como quem o estivesse segurando. Por isso, para sair com ele era necessário levar um monte de roupas, tanto para ele quanto para mim, bem como muitas fraldas de pano e lenços umedecidos. Dava bastante trabalho levá-lo a algum lugar, mas mesmo assim nunca deixava de passear com ele.

***

Pouco tempo depois chegou a Semana Santa, período muito comemorado e especial para os católicos. E essa, em especial, foi inesquecível para mim, Miguel e Júnior. Por ser feriado, Júnior teve liberação do seu curso de formação militar e veio nos visitar. Foi a primeira vez que ele nos viu fora do hospital, depois de tanto tempo.

Ele chegou à casa da minha tia por volta da meia-noite. Estava acordada esperando para abrir-lhe o portão. Quando nos vimos, abraçamo-nos muito e juntos choramos de felicidade. Um reencontro inesquecível...

174

Ele não aguentou a ansiedade em ver Miguel e correu até o quarto para acordá-lo. Beijou-o, abraçou-o, e mais uma vez choramos de felicidade. Sentamos os três na rede da sala e ficamos ali, curtindo um momento em família que há muito não tínhamos. Júnior deu um boneco de pelúcia do Barney de presente para Miguel, e ele adorou e brincou bastante. Mais uma vez chorei ao apertar o boneco, que tocou uma pequena canção que tinha tudo a ver com aquele momento:

Amo você! Você me ama!
Somos uma família feliz.
Com um forte abraço
E um beijo te direi:
"Meu carinho é pra você".

No dia seguinte, vieram a Recife, para nos visitar, meu sogro Jair, sua esposa Michele, minha cunhada Júlia, meus pais Airton e Helena, meus irmãos Daniel e Gabriela, além de nossos amigos Rodrigo, Henrique, Sydia e Samanta.

Nesses dias fizemos muitos passeios (em lugares permitidos por Dra. Graça), como o alto da Sé e a praia de Olinda. Miguel também tomou seu primeiro banho de piscina.

A Semana Santa acabou e todos foram embora, inclusive o Júnior.

***

Toda semana, a cada ida ao consultório de Dra. Graça, ficava mais tranquila, pois, mesmo que vagarosamente, Miguel vinha ganhando peso. Cada grama a mais no peso dele era muito comemorado.

***

Em todo esse período, contei com a ajuda e apoio da minha família: tia Zina, Irla, vovó Didi, vovô Geraldo, Cristiane, Viviane e Fernanda. Quase que diariamente eles passavam parte dos seus dias comigo e com Miguel. Por várias vezes, ficavam com ele para que eu pudesse descansar um pouco durante o dia, já que à noite quase não dormia, por causa dos cuidados com ele.

Nos finais de semana, então, muitas pessoas vinham nos visitar: Luciana, João, Malu, Leonardo, Viviane, Marcelo, Cristiane, Danilo, Fernanda, Wilton, Alana, Carol, Bebeto, Suzana, Geca, Irla, vovó Didi e vovô Geraldo.

Agradeço imensamente a todos, e desejo que Deus abençoe a cada um!

***

Depois de um mês e dois dias em Recife, a doutora nos liberou para voltarmos a Natal. Mais uma forte emoção! Era uma quinta-feira, 3 de abril, quando Miguel e eu voltamos para a nossa casa. Não foi fácil me despedir de Recife e de todos que lá estavam, afinal de contas, essa foi a cidade em que meu filho renasceu, e essas pessoas nos ajudaram muito. Mas a hora havia chegado, e sonhava muito em ir para casa com meu filho.

Ele se comportou muito bem durante todo o caminho.

Ao entrar em casa com ele, senti uma emoção muito grande. Mais uma vez lágrimas de felicidade caíram dos meus olhos. Quase não acreditei que estávamos entrando na nossa casa, depois de tantos meses longe. Estavam lá nos esperando Ivone (minha secretária) e Eve (enfermeira técnica).

Preparar um belo almoço na minha cozinha, tomar banho no meu chuveiro, deitar na minha cama, colocar Miguel em seu berço, dar-lhe banho em sua banheira... Tinha vontade de fazer tudo isso e de ficar um pouco em cada cômodo da casa. Para esse momento ser perfeito, só faltava o Júnior. Mas, por telefone, ele acompanhava tudo. Mesmo distantes um do outro, vivenciávamos juntos cada emoção.

***

Nossos dias em Natal foram felizes e cheios de emoções. Visita às casas de vovó Nena, vovó Conceição, vovô Jair, tia Paty... Brincadeiras com os primos Augusto e Léo, e a tia Julinha.

Seis dias depois da nossa chegada a Natal, Miguel havia completado 9 meses de vida, e a família nos preparou mais uma surpresa. No fim da tarde, chegaram a minha casa Jair, Michele, Júlia, Eleika, Augusto, minha mãe, Gabi, Patrícia, Léo, Magno e Viviane. Eles levaram uma porção de coisas e organizaram uma festinha para comemorar esse momento. Mais um acontecimento inesquecível em nossas vidas pós-hospital! Obrigada, meu Deus!

***

Vinte e um dias depois que chegamos a nossa casa, precisei ficar, pela primeira vez, uns dias longe de Miguel. No dia 24 de abril, eu, Patrícia, Conceição e Jair viajamos até Belo Horizonte para a formatura de Júnior como oficial da Força Aérea Brasileira, que aconteceria no dia 25.

Foi muito difícil viajar e deixar Miguel, mas precisava dar esse apoio a meu marido, que estava dando um passo importante na sua vida e, consequentemente, na minha e também na de nosso filho. Meu bebê ficou na casa da minha mãe, sendo cuidado por ela, com o auxílio da enfermeira Eve.

A formatura foi linda, e entreguei, com muito orgulho, a espada de oficial para o meu marido.

No domingo, dia 27 de abril, voltamos para Natal, e mais uma vez estávamos todos juntos. Chegamos muito cansados, então o Júnior brincou um pouco com a Miguel e logo os dois pegaram no sono na rede do terraço. Uma imagem linda, que fiquei por um bom tempo olhando, e não me contive em tirar umas fotos. Meu filho e meu marido ali, bem pertinho de mim, saudáveis e dormindo abraçados. Que imagem divina!

**

Júnior passou trinta dias conosco, antes de ir a Brasília, cidade para a qual foi transferido. Havia vaga para Natal, porém ele não a conseguiu, por falta de compreensão de um outro rapaz que se formou com ele e que quis vir morar em Natal, mesmo estando ciente da nossa situação.

Foi um mês de muita felicidade e passeios em família.

**

Durante todo esse período, Miguel frequentou a clínica de fisioterapia em que a fisioterapeuta dele trabalhava. Carol estava tratando do atraso motor que ele ainda possuía por causa do tempo longo de internação e da desnutrição severa.

***

Quando o mês terminou, chegou a hora de mais uma vez nos separarmos. Júnior foi embora morar em Brasília, e eu e Miguel ficamos, pois ele ainda não tinha condições de saúde para viajar de avião e ficar tão distante dos cuidados e acompanhamento de Dra. Graça.

Mais uma vez fiquei com a responsabilidade de cuidar sozinha de Miguel, mas, se até ali tinha conseguido, iria em frente, com a ajuda de Deus e da família.

Pouco tempo depois, ele começou a rejeitar aquele leite, e fiquei preocupadíssima, pois ele não podia perder peso, ainda estava na curva da desnutrição. Liguei para Dra. Graça e contei o que estava acontecendo. Ela, então, me deu orientações para fazer a troca do leite. Ele passou por três tipos de leite, até que, em poucos dias, estava tomando o leite certo para a idade dele. Senti uma felicidade muito grande ao ver que agora meu filho podia tomar leite normal, como qualquer outra criança da idade dele. E também porque a médica liberou que comesse alguns tipos de biscoitos.

Ele ficou viciado em bolachinhas com recheio de goiaba, e eu sentia o maior prazer e felicidade em poder dar-lhe essas coisas.

Foi também um grande alívio não precisar mais depender do Estado para pegar o leite de que Miguel precisava. Os funcionários desses programas do governo tratam as pessoas muito mal, parece até que o valor do produto é pago com o dinheiro deles, e não com os nossos impostos.

Certa vez, precisei levantar a voz para falar com uma nutricionista do governo, pois, apesar de a Dra. Graça ter receitado o uso de quinze latas de leite por mês, ela queria liberar apenas doze, o que significava ter que comprar mais três latas por mês, a um custo de seiscentos reais.

Todavia usei do meu direito de cidadã que paga impostos corretamente, bem como de mãe que luta por seu filho, e falei a ela um monte de verdades, além de contar um pouco da história de saúde de Miguel. E só saí da sala dela com a autorização para as quinze latas.

***

Ficamos em nossa casa por mais um período e depois fomos para a casa da minha mãe, para poder mandar nossa mudança para Brasília.

A festa junina do aniversário do meu sobrinho Augusto foi também a nossa despedida de Natal. Após essa festa, fomos a Recife novamente para Miguel se consultar com Dra. Graça, antes de irmos embora para a capital do país.

***

Mais uma vez tia Zina e tio Fernando nos receberam em sua casa com muito carinho. Foram dias de muitos passeios, idas ao consultório de Dra. Graça e saudades do Júnior. Mas só podíamos ir para Brasília quando nossa mudança chegasse lá e o apartamento estivesse arrumado, em condições de receber Miguel.

***

Em 9 de julho de 2008 meu bebê estava completando 1 ano de vida... Um verdadeiro milagre de Deus! Mais uma vez minha família preparou uma festinha para Miguel. Mais um momento emocionante e inesquecível em que Júnior não pôde estar presente. Ele fez muita falta, e sei que sentiu muito não ter podido estar conosco nesse dia. Miguel adorou provar um pouquinho do seu bolo, e eu amei poder proporcionar a meu filho essa experiência.

***

Chegou o momento da despedida. Tudo já estava pronto em Brasília para nos receber, e a saudade de Júnior era grande. Não foi fácil. Todos nós choramos bastante. Meus pais e irmãos vieram de Natal para nos despedirmos mais uma vez. Todos queriam ficar um pouquinho com Miguel. Beijos, abraços, votos de muita saúde.

Eu estava com o coração apertado, pois não sabia como ficaríamos em Brasília, não sabia como seria estar tão longe de Dra. Graça e do apoio da família e de amigos. Mas era hora de partirmos, de voltarmos a ficar com o nosso núcleo familiar completo: pai, mãe e filho.

Era dia 20 de julho... Todos foram ao aeroporto de Recife para a despedida. Mais beijos, abraços e choros. Meu pai conseguiu autorização para nos colocar dentro do avião. Ele saiu de lá chorando bastante, e fiquei sentada com Miguel nos braços, também chorando. Meu sentimento era de ansiedade por encontrar Júnior, mas também de medo de ficar longe da Dra. Graça e de todos da família.

Chegamos a Brasília à noite e Júnior preparou um festinha de aniversário para Miguel, já que no dia não pôde estar conosco. Seus colegas de trabalho foram lá prestigiar, pois, mesmo não nos conhecendo pessoalmente, sabiam da história de Miguel.

***

Nossos primeiros dias em Brasília foram muito bons, com muitos passeios e muita saudade para matar. Finalmente, estávamos vivendo uma vida normal em família.

A cada dia Miguel ia crescendo e engordando. Em pouco tempo, deixou a fase da desnutrição e se tornou um bebê bem gordinho, ficando apto para retomar seu tratamento do pé torto congênito no mês de outubro.

Pela indicação de uma mãe que conheci através da Associação de Pais e Familiares de Crianças com Pé Torto Congênito, logo consegui consulta com um excelente ortopedista em Brasília que realizava o tratamento através da técnica de Ponseti, o Dr. Davi Haje.

Meu filho voltou a usar gesso na perna direita, mas não deixava de fazer nada por causa disso. Engatinhava, brincava, passeava, só não conseguia andar. Ele usou o gesso durante quatro semanas.

Assim, depois desse período usando o gesso, que era trocado pelo ortopedista semanalmente, no dia 7 de novembro de 2008 Miguel realizou a sua sétima cirurgia. Como o Dr. Davi era muito competente e sabia de todo o histórico de Miguel, fez essa cirurgia com anestesia local e sem sedação, para que não precisasse puncionar a veia dele nem ficar internado novamente.

Para isso, tive que entrar com ele no centro cirúrgico para ajudar a segurá-lo e acalmá-lo durante o procedimento. Ele ficou acordado e chorou, porque não queria ser segurado por ninguém, mas o Dr. Davi fez tudo o mais rápido e menos traumático possível, e, quando a cirurgia acabou, pude voltar para casa com Miguel usando o seu último gesso, com o qual ficou por três semanas consecutivas e sem troca.

Depois das três semanas, Dr. Davi retirou o último gesso e Miguel passou a usar uma órtese. Inicialmente, só podia retirar essa órtese na hora do banho, mas, aos poucos, o médico foi diminuindo o tempo de uso dela, conforme indica a técnica Ponseti.

Foram dias difíceis, pois Miguel não gostava de usá-la, principalmente na hora de dormir, mas sabíamos da importância de sermos firmes no uso correto do apoio, para que o tratamento desse certo e seu pé fosse corrigido.

***

Nesse período, as fezes de Miguel ainda eram bem líquidas. E as minhas noites eram longas, pois tinha que trocar os lençóis e limpá-lo a cada vez, além de dar-lhe as mamadeiras.

Em certa época, ele chegou a tomar de oito a dez mamadeiras durante a noite, mesmo dormindo. Inicialmente era de leite, depois passou a ser de suco de maçã, melão ou melancia. Eu levava para o quarto uma caixa de isopor com as mamadeiras todas prontas e colocava do lado da cama, para não precisar ficar levantando.

Miguel continuava gostando de assistir aos DVDs de músicas infantis. Mostrava-se cada dia mais esperto e inteligente, e aprendia tudo com muita facilidade, até já falava palavras corretamente.

**

Até então nossa rotina era ficar o dia todo no apartamento sozinhos. Júnior saía muito cedo para o trabalho e só voltava por volta das seis horas da tarde. Eu me dividia entre os afazeres domésticos e os cuidados com Miguel. Em certo horário da tarde, descia com ele até o parquinho do condomínio ou ia à praça para que ele pudesse brincar com outras crianças e eu encontrasse alguém para conversar. Foram dias bem solitários, mas de muita interação e de estreitamento da minha ligação com Miguel, pois era apenas ele e eu o dia todo, um vivendo para o outro. Realizei-me inteiramente como mãe!

Foi nesse momento que apareceu em nossa vida mais um anjo enviado por Deus, a Cida. Ela passou a fazer faxina em nosso apartamento duas vezes por semana. Mas, além disso, fazia-me companhia, conversava comigo, e brincava muito com o Miguel. Em pouco tempo, estávamos totalmente apegados a ela, e esse sentimento era recíproco.

Em dezembro, participei de uma seleção para oficial técnico temporário do Exército brasileiro. Tentei vaga como fonoaudióloga e pedagoga. Depois de passar por prova escrita, entrevista e análise de currículo, fui selecionada para participar do curso de formação militar, pelo qual me formei aspirante. Assim, enviaram-me ao Colégio Militar de Brasília para exercer a função de pedagoga, como supervisora escolar.

Para que pudesse voltar a trabalhar, Cida passou a vir diariamente a nossa casa, para cuidar dos afazeres domésticos e de Miguel. Ele ainda precisava de muitos cuidados, como medicações, suplementos alimentares e alimentação, além de usar corretamente a órtese.

Foi sofrido para mim e para Miguel essa minha volta ao mercado de trabalho. Estávamos acostumados a ficar 24 horas por dia juntos, em uma imensa simbiose, e de repente tive que sair para trabalhar o dia inteiro, enquanto ele ficava aos cuidados da Cida.

Quase desisti de voltar a trabalhar por causa disso. Doía muito nele e em mim, mas, por questões financeiras, precisava seguir em frente, pois Brasília é uma cidade muito cara para se viver.

Miguel chegou a ter episódios de febre emocional por sentir minha falta e, em uma dessas vezes, sofreu uma convulsão. Ele estava com Júnior, dentro de um táxi, indo pegar um avião para Natal, e eu só iria três dias depois, por causa do treinamento militar. O taxista, então, levou-os direto para um hospital e foi ao apartamento me buscar. Desesperei-me quando Júnior ligou dizendo o que havia acontecido e me pedindo para descer e esperar o táxi.

Foram horas de muita tensão e medo... Tentaram puncionar a veia de Miguel, mas não conseguiram. Ele nos olhava chorando e pedindo socorro. Chorei...

No início da noite, a médica o liberou e fomos para casa. Senti-me superculpada! Mas Deus me ajudou a seguir em frente.

No dia seguinte Júnior foi novamente para o aeroporto com Miguel, e dois dias depois fui também. Passamos o Natal na cidade de Natal e o Ano-Novo em Recife. Antes de voltarmos a Brasília, levamos Miguel para mais uma consulta com a Dra. Graça, que ficou muito feliz em vê-lo tão bem.

Graças a Deus Miguel nunca mais teve convulsão, e pouco tempo depois se acostumou a ficar por algum tempo longe de mim. Na verdade, eu é que não me acostumava a ficar longe dele. Todos os dias sofria ao ter de sair para trabalhar e deixá-lo em casa. Muitas vezes ia chorando, mas sabia que era necessário. Além do mais, sempre pensava no quanto ele estava saudável e que, por isso, não havia motivos para chorar. Então, enxugava as lágrimas e seguia em frente, exercendo a minha função da melhor forma possível.

***

Cada dia nos impressionávamos mais com a inteligência e facilidade que Miguel tinha em aprender as coisas. Com 1 ano e 10 meses de idade, ele já reconhecia o alfabeto todo, inclusive relacionando palavras com as sílabas. Sem falar nas cores, nomes dos animais, pronúncia correta das palavras e frases bem construídas. Tenho tudo registrado em filmagens.

***

Era madrugada do dia 25 de março de 2009, Júnior estava de serviço no quartel e nessa noite estávamos eu e a Cida em casa. Nessa noite Miguel ficou muito agitado, chorava muito e parecia sentir muita dor. Nós duas fizemos de tudo, mas ele só foi se acalmar perto do amanhecer.

Quando chegou a hora de ir ao trabalho, meu coração ficou dividido entre o cumprimento do meu dever e o Miguel. Sabia que precisava ficar com ele, entretanto, como tinha começado a trabalhar recentemente, fiquei receosa de acharem que estava faltando por mera irresponsabilidade.

Nesse período ninguém do meu ambiente de trabalho sabia dos problemas de saúde de Miguel. Fui trabalhar, mas deixei recomendações com a Cida de que, se Miguel acordasse ainda agitado e sentindo dor, ela me ligasse de imediato que eu voltaria rapidamente para casa e o levaria ao hospital. Assim, liguei para o Júnior e o deixei ciente do que tinha ocorrido durante toda a noite.

Várias vezes ao dia liguei para obter notícias de Miguel, porém, quando deu o início da tarde, foi a Cida que me ligou avisando que ele tinha voltado a se agitar e a sentir dor. Falei com meu chefe e fui o mais rápido que pude para casa. No meio do caminho liguei para o Júnior e ele também foi para casa.

Chegamos em casa e nem tiramos a farda, pegamos Miguel e fomos direto para um grande hospital particular de Brasília. Entramos no consultório da médica pediatra de plantão e expomos o ocorrido, além de contar todo o histórico de saúde dele. Ela fez exames clínicos nele e constatou que seu abdome estava normal, dentro dos parâmetros clínicos. No entanto, o encaminhou para um raio-x, para se certificar. Quando o médico que realizou o exame entregou o laudo, nós o abrimos e lemos o que estava escrito: sugestivo de obstrução intestinal.

Júnior e eu entramos em desespero e fomos correndo até a médica. Ao ler o laudo, ela cometeu um erro grotesco: confiou mais no exame de imagem do que no exame clínico. Sem sequer discutir o diagnóstico com o médico que fez o raio-x, foi logo dizendo que Miguel teria que passar por uma cirurgia e que seria internado imediatamente.

Chorei desesperadamente, com medo de que começasse tudo de novo: risco de vida, internação, cirurgias... Liguei para minha mãe e, em meio ao meu choro, disse a ela o que estava acontecendo. Ela me acalmou e pediu que a deixasse informada de tudo.

Nesse meio-tempo uma outra médica saiu do seu consultório, me viu e veio saber por que eu estava chorando. Chegou perto e tentou me acalmar... Era mais um anjo de Deus!

Assim, contei-lhe sobre o histórico de Miguel e sobre o que estava acontecendo. Ela me falou muitas coisas que me acalmaram e me disse que confiasse no meu coração de mãe e fizesse o que ele estava dizendo.

Mais calma, olhei para o Miguel e vi que clinicamente ele não estava com sintomas de obstrução intestinal, pois esses sintomas eu conhecia muito bem. Ele não vomitou, sua barriga estava flácida, soltando muitos gases, suas fezes também estavam normais e não tinha um semblante de que estivesse com dores insuportáveis.

Com isso, decidi ligar para a Dra. Graça. Contei a ela o que estava acontecendo e a coloquei para falar com a pediatra de plantão. Depois que conversaram, Dra. Graça me falou que, por telefone, ela não tinha como saber se a conduta da médica estava certa ou errada, e que confiava muito no que eu conhecia sobre o problema do meu filho. Então, disse à Dra. Graça que não achava que ele estivesse com obstrução novamente, pois não apresentava nenhum sintoma clínico que indicasse isso. Disse a ela também que iria sair daquele hospital e pegar o primeiro avião para Recife. O Júnior concordou inteiramente comigo.

A médica do plantão não queria liberar Miguel, pois já tinha até acionado o cirurgião pediátrico e a equipe para a realização da cirurgia. Assim, ela nos fez assinar um monte de termos de responsabilidade, antes de deixá-lo sair do hospital.

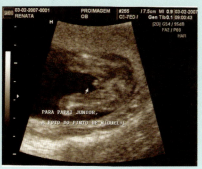

Imagem da ultrassonografia de Miguel.

Momentos especiais do período de gravidez.

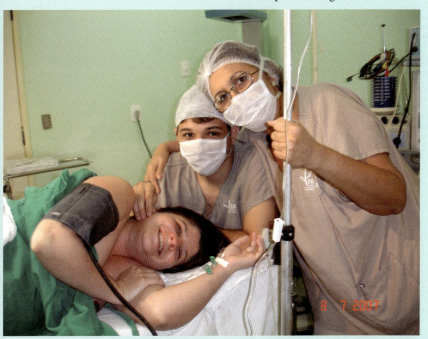

Na sala de parto, com Júnior e Tia Cê.

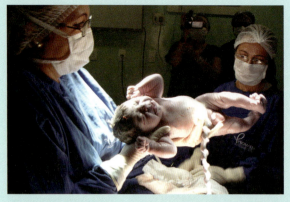

Momentos maravilhosos logo após o nascimento de Miguel, no dia 9 de julho de 2007.

Primeiro dia de vida, ainda na maternidade e sem saber dos problemas que iriam ocorrer.

Miguel na UTI, pouco depois de completar 2 meses de vida.

Miguel após a terceira cirurgia,
com o trato intestinal reconstituído.

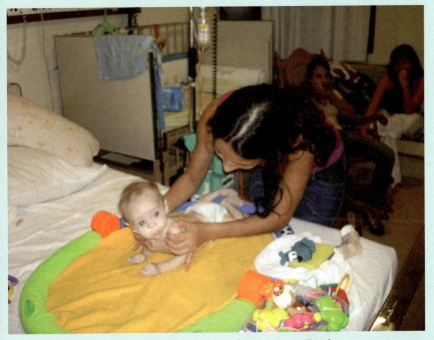

Miguel aos 5 meses com a fisioterapeuta Carol.

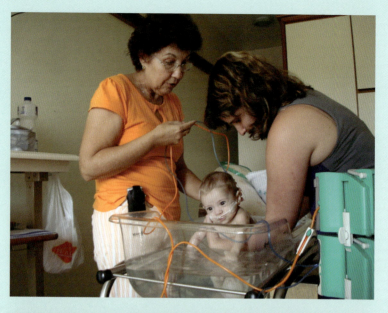
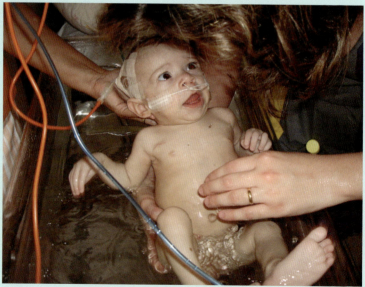

O primeiro banho de Miguel sem auxílio profissional.

Visita de Pe. Zezinho, que batizou Miguel no hospital.

O primeiro carnaval de Miguel, aos 7 meses.

Em Recife, com a Dra. Graça em seu consultório.

Primeiro banho de piscina de Miguel.

Momento familiar de Miguel, com sua tia e madrinha Gabi.

Festa de 1 ano de Miguel, em Recife.

Comemorando o aniversário
com o papai em Brasília.

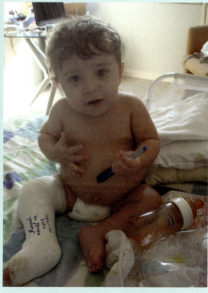

Quatro semanas com o gesso,
para correção do pé torto.

Renata e Júnior, já oficiais do Exército e Aeronáutica, respectivamente, em visita a Natal, junto com Miguel, que adorava usar farda também.

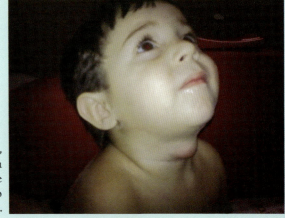

Miguel, aos 3 anos, precisou passar por nova cirurgia para retirada de um cisto tereoglosso no pescoço.

Miguel saudável e curtindo a vida com seus pais.

Saímos de lá às pressas, fomos para casa, pegamos algumas roupas, tiramos nossa farda e fomos para o aeroporto. No caminho ligamos para o nosso amigo Rodrigo e pedimos que comprasse as nossas passagens pela internet para agilizar o processo e não corrermos o risco de ficarmos sem lugar no voo.

Pegamos muito trânsito para chegar em casa e, também, no aeroporto. Tivemos que correr contra o tempo. Do carro, ligamos para os nossos chefes, explicamos o que estava acontecendo e avisamos que faltaríamos alguns dias no trabalho.

No caminho ficamos observando as reações e atitudes de Miguel, e cada vez mais tínhamos certeza de que Miguel não estava tendo uma outra obstrução intestinal. Ligamos também para as nossas mães e avisamos que estávamos a caminho de Recife.

Felizmente conseguimos chegar a tempo no aeroporto. Quando entramos no avião, senti um alívio. Ficamos o tempo todo segurando Miguel com um lençol, para que, caso vomitasse, não sujasse o avião e as outras pessoas. Quando a aeromoça veio servir o lanche, ele logo disse que queria, e decidimos deixá-lo comer para ver o que aconteceria, pois, se ele estivesse com obstrução, vomitaria assim que terminasse de comer – era a "prova de fogo". Miguel comeu dois sanduíches de queijo inteiros, tomou uma mamadeira de suco de maçã e depois dormiu pelo resto da viagem. E nada dele vomitar!

Chegamos às 23h20 no aeroporto de Recife, e tia Zina e tio Fernando estavam nos esperando para levar-nos ao Hospital Memorial São José, onde a Dra. Graça e o Dr. Fernando Cruz tinham deixado uma equipe para nos receber.

Chegando lá, o médico examinou Miguel e disse que ele realmente não tinha sintoma clínico algum de obstrução intestinal, e quis fazer outro raio-x. O laudo desse novo exame dizia apenas que Miguel estava com muitos gases, e não que tinha obstrução. Mesmo assim, como Dr. Fernando e Dra. Graça queriam examinar Miguel no outro dia cedo, o médico o deixou internado, porém sem nenhum cuidado especial: nada de veia puncionada nem jejum, apenas nos pediu que aguardássemos a visita dos dois médicos no dia seguinte.

Só depois de tudo isso meus tios foram embora, agora bem mais tranquilos.

No outro dia logo cedo, o Dr. Fernando chegou ao hospital e conversou conosco para saber o que tinha acontecido. Depois de examinar Miguel, confirmou que ele não estava com nenhuma obstrução, que apenas tinha tido uma forte crise de gases, o que teria provocado muita dor. Assim, liberou-nos e pediu que à tarde fôssemos ao consultório de Dra. Graça para que ela receitasse uma medicação mais forte para aliviar a crise.

Meus pais vieram de Natal e foram direto ao hospital, chegando a tempo de ainda ouvir o que o Dr. Fernando explicou e de nos levar para a casa de tia Zina.

À tarde fomos ao consultório de Dra. Graça e mais uma vez ela passou um remédio que ajudaria na motilidade do intestino e diminuiria o sobrecrescimento bacteriano, reduzindo, assim, a quantidade de gases.

Voltamos para a casa de tia Zina bem mais tranquilos, e, para completar a nossa alegria, Miguel defecou no fim da tarde. Mesmo assim achamos seguro ficar mais uns dias para ter certeza de que a crise não retornaria.

Quando voltamos a Brasília, fiz questão de ir ao hospital falar com as duas médicas: a que fez o diagnóstico errado, e a que me acalmou e me ajudou a sair da crise de desespero e a ouvir o meu coração.

Ao chegar na porta do pronto-socorro, a médica pediatra logo me reconheceu, pois no dia do acontecimento estava usando a farda, e fui novamente lá fardada. Ela veio até mim e me perguntou sobre Miguel. Disse-lhe que tinha errado em não confiar no exame clínico, que nos tinha prejudicado, deixando-nos desesperados, e que tínhamos gastado com passagens para Recife por

195

causa de uma crise de gases. Mais ainda, falei a ela o quanto teria sido grave e prejudicial a Miguel se não o tivéssemos retirado de lá e ele tivesse passado por uma cirurgia desnecessária. Ela ouviu tudo calada, pediu desculpas e voltou para a sala dela.

Em seguida, dirigi-me à sala da outra médica – pena que não me lembro do nome dela –, sentei e conversamos um pouco. Contei com detalhes a história de Miguel e disse-lhe o quanto tinha me ajudado. Agradeci muito a sua gentileza e disponibilidade em me ouvir e me acalmar naquele dia. Disse a ela o quanto foi essencial as suas palavras para me tirar do desespero e me trazer de volta à razão.

Nunca mais a vi, mas lembro-me sempre dela com muito carinho. Que Deus a abençoe!

***

Depois disso e de muito procurar, concluímos que não havia médicos em Brasília que soubessem tratar de Miguel. Percebemos, então, o quanto era importante morarmos em Recife, para que ele fosse mais bem acompanhado por Dra. Graça e Dr. Fernando.

Lutamos muito, e felizmente encontramos, tanto no Exército quanto na Aeronáutica, pessoas sensibilizadas com a nossa situação e que nos ajudaram nessa batalha. Depois de tanto "vai e não vai", conseguimos o que queríamos...

Em 15 dezembro de 2009, Miguel e eu chegamos a Recife para ficar definitivamente. Foi muito difícil a nossa despedida de Cida e das nossas vizinhas, Abadia e Ayanne. Todas nós choramos muito, mas elas sabiam que seria melhor para o Miguel.

Ficamos mais uma vez hospedados na casa de tia Zina, até a semana santa de 2010, quando Júnior também veio em definitivo para Recife.

***

Fui servir no Colégio Militar do Recife, também como supervisora escolar, e Júnior foi para o COMAR II.

***

No ano de 2010, entre setembro e outubro, ainda ocorreram alguns problemas em relação à saúde de Miguel. Apareceu um cisto tereoglosso no pescoço dele, e, por causa disso, precisou passar por mais duas pequenas cirurgias: a oitava e a nona de sua vida. Uma foi para a colocação de um dreno, para diminuir a quantidade de pus no local, e a outra foi para a retirada do cisto. Ambas foram realizadas por Dr. Fernando Cruz.

***

Para nós foi uma tranquilidade morar em Recife, uma vez que Miguel passou a ser acompanhado de perto por Dra. Graça, não sendo acometido por mais nenhum problema grave em seu intestino.

Ele também entrou na escola, iniciando sua vida estudantil e firmando uma rotina de vida normal como qualquer outra criança.

Atualmente meu filho está com 6 anos, e a única sequela que apresenta é um atraso no seu crescimento devido ao longo período de desnutrição grave e ao seu problema de absorção de nutrientes. Sua estatura é baixa em comparação com outras crianças de sua idade, mas estamos nos preparando para conseguir, junto ao governo, um tratamento com hormônio de crescimento, o que corrigirá isso.

Miguel é um menino muito esperto e inteligente, que cativa e conquista todas as pessoas por onde passa. Realmente, Deus o mandou e o deixou no mundo para brilhar e ser um grande homem.

***

Desde que meu filho saiu do hospital, sempre que possível, principalmente em datas comemorativas, como Dia das Mães, Natal, Ano-Novo, Dia das Crianças, vou até lá para conversar e dividir um pouco da minha experiência e força com as mães e pais da UTI. Também converso, através da internet, com muitas dessas mães que sofrem, e procuro ajudar e dar apoio a elas.

Muitas pessoas que têm filhos com problemas intestinais me procuram para conversar e pedir conselhos, e com o apoio de Deus já consegui ajudar muita gente. Indico a todas o consultório da Dra. Graça, que sempre, com muita competência, consegue melhorar a qualidade de vida dessas crianças e, na maioria das vezes, até curá-las. Sinto-me bem fazendo isso.

***

Ainda hoje fico triste quando tenho que me levantar para trabalhar e deixar o Miguel dormindo em casa, mas sei que isso é necessário. Diariamente acordo, faço uma vitamina de banana, coloco na mamadeira e vou até a cama para dar a ele, que a toma ainda dormindo. Nesse instante, deito-me um pouco a seu lado, faço carinhos, beijo-o e digo: "Amo você, meu denguinho! Que Deus o abençoe e o faça muito feliz hoje e sempre!".

Mesmo de olho fechado, ele tira um pouquinho a mamadeira da boca e me responde: "Eu também amo você!". Depois, volta a tomar a vitamina e continua a dormir, até a hora de Júnior acordá-lo para ir à escola.

Assim, sou sincera em dizer que de forma alguma coloco, nem colocarei jamais, o trabalho acima da minha família. A minha ordem é: Deus, minha família e depois o trabalho, mas nem por isso deixo de cumprir minhas obrigações e de trabalhar com toda a minha dedicação, amor e competência.

Pense nisso também: nunca dê mais importância a sua profissão e a seu trabalho que a sua família. Os filhos e a família são o maior bem que Deus nos deu!

CAPÍTULO 10

Admito que voltei pra Deus.
E até nem sei dizer porque foi que voltei.
Eu acho que voltei porque não me calei.
Voltei porque, talvez, não sei viver sem crer.
Admito que voltei pra Deus.
Admito que ainda creio em Deus,
Mas tenho mil perguntas a doer em mim.
Eu tenho mil perguntas para lhe fazer.
Espero que ele um dia queira responder!
(Pe. Zezinho, scj)

O meu filho fez jus a seu nome Miguel: quem é como Deus; e ele se mostrou forte como o Senhor.

Ele chegou ao mundo trazendo e distribuindo, a quem quisesse receber, muito amor, esperança, força, humildade... Ensinou-nos que o pequeno pode ser forte e que na sua força se torna grande. Ensinou-nos que milagres existem, e que Deus pode mudar os seus planos diante de muita oração e fé, assim como aconteceu conosco.

O fato de Miguel estar vivo e saudável hoje é um grande milagre de Deus. Deus mudou seus planos de levá-lo para o céu por ouvir e ver tanta gente rezando e pedindo por ele.

Para nós, Miguel

> ensinou a lição mais difícil para o homem aprender: que devemos nos doar e amar incondicionalmente, que nada nunca é em vão, que sempre há o momento presente; o aqui e agora, esse é que vale, sem "senões", sem "para quês". Esse é o amor, essa é a mensagem, não há vitórias nem derrotas, o que há é simplesmente a vida como ela é. Esse é o simples mistério, tão complicado na prática (Miele, 2004, p. 142).

***

Depois de saber de tudo isso que aconteceu na vida do meu filho e, consequentemente, na minha e na da minha família, podem estar passando algumas perguntas em sua cabeça: Será que ela aprendeu alguma coisa com tudo isso? Que ensinamentos tirou dessa história toda? E o que posso aprender com o que acabei de ler?

Pois digo que o sofrimento pode nos fazer crescer como seres humanos, nos ensinar muitas coisas e nos fazer olhar o mundo de um novo ângulo. Foi isso que aconteceu comigo. Mas não foi fácil, e não é nada fácil...

Como você deve ter percebido na leitura deste livro, houve momentos em que perdi o controle, por causa do sofrimento, do desespero e da dor, o que me fez ter vontade até de morrer. Quando a gente passa por algo assim, é muito difícil conseguir reagir e continuar no comando da nossa vida, e é nessas horas que precisamos da ajuda da família e dos amigos. Foi muito difícil, mas consegui retomar o controle da minha vida, mesmo diante de tudo o que estava vivendo. E para isso, tive o apoio e a ajuda de muitos "anjos" enviados por Deus.

O medo esteve presente em muitos momentos dessa história, e pode ter certeza de que ele pode nos derrotar rapidamente se não soubermos controlá-lo, pois ele nos tira a capacidade de reflexão e, consequentemente, de ação ou reação na retomada do controle. O desespero é outro "inimigo" que nos causa grande confusão mental e nos faz sairmos de nós mesmos. Várias vezes me desesperei, precisando ouvir as palavras de Deus, as quais vinham até mim através da família e dos amigos.

Assim, aprendi que, ou administramos e minimizamos o efeito do sofrimento, ou então ele toma conta de nós, aumentando assim ainda mais o nosso calvário. Confesso que inicialmente fui administrada pelo sofrimento, mas depois percebi que de nada adiantaria, então resolvi mudar minha atitude. Isso não significa que sofria ou chorava menos, de forma alguma, apenas passei a encarar as coisas de uma forma diferente, sem dramatizar, sem aumentar mais o problema, sem achar que era a única pessoa a padecer no mundo, sem achar que estava sendo castigada por Deus, sem ter pena de mim mesma e do meu filho.

Gosto de dividir o sofrimento em duas categorias: o que nos causa ferrugem e o que nos proporciona ouro.

Quando o sofrimento é visto apenas pelo lado negativo, causa-nos ferrugem. Assim, não se aprende nada, não se tira lição nenhuma, muito pelo contrário, essa forma de encarar as coisas torna a pessoa amarga, infeliz, descrente. Existem indivíduos que até prejudicam os outros, simplesmente por terem sofrido muito e acharem que os outros têm que passar por isso também.

Certa vez, trabalhei com um homem que tirou do seu sofrimento apenas ferrugem. Ele tinha o ouro em suas mãos, mas preferiu ficar com a ferrugem. Era desonesto, mentiroso, golpista, gostava de enganar, de fazer o mal, apenas pelo prazer de ver as pessoas estressadas e sofrendo.

Só que um dia ele passou mal e teve um infarto. Foi socorrido e ficou muito tempo hospitalizado, necessitando passar por uma cirurgia de ponte de safena e tendo ficado entre a vida e a morte. Tempos depois, já recuperado, voltou a trabalhar. Todos pensavam que ele iria mudar o modo de agir e ver a vida, afinal de contas,

Deus lhe dera uma nova chance de viver e de corrigir seus erros. Se ele tivesse aceitado o "ouro" que Deus havia lhe entregado, era isso o que teria acontecido, mas ele preferiu transformar esse ouro em ferrugem.

Para a surpresa de muitos, esse homem passou a ser um ser humano mais desprezível ainda. E com o tempo, foi assumindo cargos mais altos na profissão, usando da sua posição de "poder" para sacanear, mentir, prejudicar. Nem sua família ficava de fora desse seu prazer de fazer o mal, pois traía a esposa e não dava a atenção devida a seus filhos.

Uma pena que esse homem não tenha sido capaz de aproveitar o ouro que lhe foi dado, "enferrujando" a sua vida e a de sua família, e também das outras pessoas com as quais convivia.

Para mim, isso tudo hoje parece tão pequeno, mesquinho e desprezível. Esse homem é digno de pena. Uma pessoa que recebe uma nova chance de Deus, que tem ouro nas mãos e o joga fora, preferindo ficar com a ferrugem, é alguém que precisa desesperadamente de ajuda. Até quis fazer isso, mas ele era tão maldoso, que só via o mal nos gestos das pessoas, por isso não conseguia ser ajudado por ninguém. Mas sei que Deus, como Pai, não vai desistir dele!

Conheci ainda um outro homem que questionou seu subalterno que se negou a viajar para uma cidade longe, a fim de participar de mais um curso de capacitação, devido ao fato de ser filho único e precisar cuidar de seus pais que já eram idosos e doentes. Falou assim:

— Por que você não vai para o curso?

— Não vou porque sou filho único e meus pais são idosos e doentes. Eles só têm a mim para cuidar deles.

— Incrível essa sua escolha! Ao escolher entre quem o pariu e criou e quem o sustenta e paga seu salário, você prefere ficar com quem o colocou no mundo?!

— Sim! Nas minhas escolhas minha família está em primeiro lugar.

Esse homem com certeza não tem noção da gravidade do que falou. Imagino que sua família deva sofrer por ele ter esse tipo de pensamento, em que coloca o trabalho e o sucesso profissional acima de tudo. Por ser assim, como chefe, acha que seus subalternos devem agir da mesma forma. Por ser infeliz, mesmo que inconscientemente, tenta fazer com que as outras pessoas não sejam felizes também. Pelo que ouvi falar, ele passou por vários problemas na vida, como, por exemplo, o falecimento da esposa em decorrência de um câncer.

Esse é mais um exemplo de uma pessoa que teve ouro nas mãos, mas preferiu a ferrugem.

Não foi fácil, mas preferi e consegui retirar do meu sofrimento apenas o ouro, e descartei a ferrugem. Isso me fez crescer como pessoa, me fez um ser humano melhor, mais sensível. Aprendi a identificar o verdadeiro sofrimento e diferenciá-lo dos problemas imaginários.

Aprendi a ter mais paciência, a confiar mais nas pessoas. Aprendi a amar de verdade, conheci o amor incondicional. Aprendi a me colocar no lugar das outras pessoas e a jamais desejar o mal a ninguém. Aprendi a me doar sem esperar receber nada em troca. Aprendi a ser otimista, a ter esperança, e a nunca duvidar do amor de Deus. Aprendi que não conseguimos mudar os acontecimentos, mas que está em nossas mãos modificar as consequências que esses acontecimentos podem provocar em nós. Também percebi quanta força e determinação existe dentro de mim.

Hoje, ao olhar para trás e me lembrar de tudo o que aconteceu, ainda choro, mas é um choro de emoção, de alguém que, apesar de toda a dor, conseguiu chegar até aqui vitoriosa e carregando a fé e o amor a Deus.

Gosto de comparar essa minha mudança da seguinte maneira: a dor e o sofrimento me estraçalharam, me deixaram em retalhos, porém, como retirei o ouro disso tudo, consegui recolher e costurar cada pedacinho novamente, como se fosse uma colcha de retalhos. É claro que, como qualquer coisa que se rasga ou se quebra, depois do conserto não fica exatamente igual. Assim sou eu hoje: costurei-me, refiz-me, mas não fiquei como antes, porque agora tenho o ouro para juntar aos meus retalhos.

Hoje sou uma outra Renata, uma pessoa melhor, pois tenho o ouro brilhando em mim.

Ainda tenho medo da morte, e ela passou muito perto da minha história. Tenho medo de perder meu filho prematuramente e também de partir prematuramente, sem poder ter o privilégio de acompanhar a vida dele. Mas acho que, diante de tudo o que vivi, é natural sentir esse medo. Algum dia sei que isso vai passar, pois trabalho muito esse sentimento, e não deixo que tome conta de mim nem que guie minhas ações.

***

Para todas as mães que sofrem em decorrência da doença de um filho, eu diria:

+ creia em Deus, reze, peça aquilo de que precisa. Como Pai, ele ouve nossos pedidos e nos atende. Nem sempre a maneira de ele agir é a que gostaríamos, mas com certeza é a melhor para nós;

reze pedindo a Deus não só saúde para seu filho, mas que também lhe dê força para superar esse período ruim;

confie plenamente nos planos que Deus traçou para a sua vida e de sua família;

nunca perca a esperança e a fé;

nunca desista de buscar a saúde do seu filho;

esqueça as perguntas inúteis e foque na sua fé e na saúde do seu filho;

quando a dor for muito grande, lembre-se de que ela tem início, mas que também tem fim. Tudo passa, apenas Deus fica;

a dor é só sua, ninguém pode senti-la ou mesmo carregá-la para você, mas ter amigos por perto ajuda bastante;

sofra somente o necessário, nem mais, nem menos. Tente manter-se centrada. Não permita que a dor e o desespero tomem conta do seu ser;

muitas pessoas se aproximarão para deixá-la ainda mais para baixo, mas não lhes dê ouvidos. Tente sempre ficar perto das pessoas que lhe fazem bem e que aumentam sua autoestima;

procure ter um conselheiro espiritual, seja um padre, seja uma pessoa de muita fé;

♦ aceite a ajuda de sua família e dos amigos, deixe o orgulho de lado. Nesses momentos, toda ajuda e apoio são sempre bem-vindos;

♦ tente não ficar sozinha quando estiver muito triste, para que esse sentimento não a consuma. Procure sempre alguém para conversar e desabafar;

♦ converse com outras mães que já passaram ou estejam passando por esse tipo de situação. Nada melhor do que ouvir conselhos e conversar com quem viveu ou está vivendo o mesmo problema;

♦ não deixe o medo tomar conta da sua vida, controle-o, pois, se não fizer isso, ele fará com que você não raciocine de forma centrada e não aja com coerência;

♦ pense sempre em coisas boas, planeje o futuro, mesmo que os médicos digam o contrário, afinal o futuro a Deus pertence, e não aos médicos;

♦ leia bons livros, ouça música, cante. Procure fazer coisas que aliviem um pouco a sua mente, pois faz bem parar de pensar no que está acontecendo por uns instantes;

♦ diga sempre coisas boas a seu filho, fale para ele o quanto o ama e o quanto é feliz por tê-lo a seu lado. Cante para ele, conte histórias. Envolva-o com todo o amor e carinho que há dentro do seu coração de mãe;

+ pesquise tudo sobre o problema de saúde do seu filho, assim poderá ajudar os médicos em decisões difíceis, na busca de melhores tratamentos, e, consequentemente, na cura dele;

+ procure por crianças que tiveram o mesmo problema de saúde e que hoje se encontram saudáveis, e converse com seus pais, pois poderá obter informações importantes;

+ não se limite à opinião de um único médico, procure outros profissionais, pois, em casos mais graves, é bom se certificar de que os procedimentos tomados estão realmente corretos.

Para conseguir conversar com outras mães de UTI e receber maiores orientações e informações, acesse o site da ONG de apoio às mães de UTI, o Instituto Abrace: <http://www.institutoabrace.org.br/>.

***

Resolvi escrever este livro para dividir o meu "ouro" com outras pessoas, porque acho que, para adquirir todo esse aprendizado que tive, não é preciso sofrer como eu. A pessoa inteligente aprende com o sofrimento e os erros dos outros.

Também, com o passar do tempo, percebi que para a minha vida voltar ao normal não precisava esquecer ou apagar tudo o que me aconteceu, apenas ver essa história toda de forma mais leve, mais clara, dando ênfase aos bons momentos e ao que aprendi, e deixando de lado o sofrimento. Ou seja, guardando bem escondida a ferrugem e fazendo uso e desfrutando apenas do ouro.

> Os maus momentos ficam no fundo de uma gaveta. Eles possuem um papel importante para nós, desde que não nos acorrentem, não nos aleijem. Muitas vezes, eles servem para nos mostrar que a dor passa, outras vezes para mostrar que, quando a dor parecia intransponível, nós a transpomos, vencemos e ficamos mais fortes. Eles servem, principalmente, para nos lembrar não do que perdemos, mas do que ainda possuímos (Miele, 2004, p. 154).

Ao aprender e compreender tudo isso, minha vida recomeçou, tornei-me uma nova pessoa, toda remendada, porém mais completa e melhor. E isso tudo me faz lembrar uma música de autoria de Pe. Zezinho, que fala da trajetória de alguém que, apesar dos problemas, foi adiante e venceu.

> *A minha maneira*
> Eu sei se aqui cheguei,
> se conquistei o que eu queria,
> cheguei porque teimei,
> porque apostei na travessia.

Não fiz tudo o que eu quis,
mas sou feliz.
Não fui perfeito, errei,
mas procurei fazer direito.
Andei, corri, voei, me atrapalhei,
perdi o prumo. Voltei, recomecei,
replanejei, achei meu rumo.
Não fiz tudo o que eu quis,
mas sou feliz.
Não fui perfeito, errei,
mas eu tentei fazer direito.
Se eu me enganei,
e eu me enganei,
e me engasguei por querer demais,
mas reagi, cuspi pra fora
e aprendi a mastigar
e me refiz e sou feliz,
não tenho pressa.
Amei, sorri, chorei, perdi, ganhei,
joguei errado, cresci, envelheci
e agora eu vi como é engraçado
pensar no que eu já fiz pra ser feliz,
quanta loucura, errei,
mas acabei de alma pura.
Pra ser alguém a gente tem que se guardar,
tem que se doar, e ser leal, e ser fiel,
e não mentir, e não fingir.
Se eu errei, errei tentando fazer direito.

***

Em relação ao futuro, ficarei realizada no dia em que puder, de alguma forma, devolver a Deus a graça que recebi com a restituição da saúde do meu filho. Isso acontecerá no dia em que tiver a oportunidade de trabalhar em um hospital, ou em algum lugar que dê apoio a pais que têm filhos internados, ou desenvolvendo um trabalho de pedagoga hospitalar, ou como fonoaudióloga, assistindo crianças internadas. Ou seja, quero ajudar aqueles pais que têm filhos com problemas graves de saúde. Sei o quanto isso é doloroso, o quanto ficam fragilizados, e que necessitam de todo tipo de ajuda e apoio possíveis.

Gostaria também de ter a oportunidade de doar, em vida, a minha medula óssea para salvar a vida de alguma criança, e para isso já me inscrevi no cadastro nacional de doadores de medula do Hemocentro.

Muitas pessoas me perguntam se desejo ter mais filhos, e respondo que sim. Quero muito ter o privilégio de ser mãe novamente, de poder viver a maternidade mais tranquilamente, de amamentar e de ficar noites acordada com meu bebê nos braços, e depois poder colocá-lo em seu berço ao lado de minha cama.

Sei que o que aconteceu com Miguel não acontecerá novamente com um outro filho que eu venha a ter.

Se Deus me der condições, quero ter mais dois filhos, e quem sabe completar os arcanjos em minha casa, com Rafael e Gabriel. Também iria adorar ser mãe de uma menina, para poder brincar de boneca com ela e assistir aos filmes de princesas. Se isso acontecer, ela se chamará Ana Beatriz ou Mel.

Independentemente se terei mais um ou dois filhos, se será um menino ou uma menina, só peço a Deus que tenha muita saúde para que possa curtir a maternidade de uma forma mais tranquila. Contudo, se essa não for a vontade de Deus novamente, peço que ele me dê forças e condições de passar por tudo isso, mais uma vez, e vencer no final.

Esta é a verdade que tenho hoje em meu coração: Deus existe e ele nos ama com o amor incondicional de Pai.

E-mail para correspondência:
<mamaedemiguel@hotmail.com>.
Facebook: <https://www.facebook.com/renata.
demesquitaferrazcalistrato>.

DEPOIMENTOS

Durante o período que Miguel passou internado, vivi momentos muito intensos que jamais vou esquecer. Foram mais de seis meses vendo meu filho passar por sofrimentos que me cortaram a alma e me fizeram amadurecer para poder suportar tamanha dor.

Desde o início do problema, Miguel sempre mostrou uma força, um brilho no olhar que não me permitia pensar que o pior pudesse acontecer. Mesmo depois de cada cirurgia, sempre demonstrava uma vontade de viver que me motivava e, ao mesmo tempo, emocionava. Várias foram as intercorrências que presenciei e tive a oportunidade de poder ajudá-lo, de estar junto na hora da dor, de abraçá-lo tentando acalentar e amenizar um pouco aquele sofrimento. Um dos piores e mais marcantes momentos foi quando sofreu uma diminuição severa dos batimentos cardíacos, quase uma parada cardíaca. Ele estava nos meus abraços quando começou, parecia uma espécie de convulsão que na hora não entendi direito, mas ao ver o desespero das enfermeiras e médicos percebi que era sério. Nunca em toda a minha vida pude senti um medo desse tamanho. Naquela hora achei que estava perdendo a pessoa que mais amava, meu filho querido. Abracei-me com Renata e chorei muito à espera de notícias que, graças a Deus, foram boas.

Vários foram os momentos em que presenciei meu filho sofrer, vários exames, catéteres, sondas, quase todo dia sendo furado. Aquilo foi muito duro, mas sabia que a minha missão era estar ao seu lado. Descobri da forma mais difícil o que é ser pai. Durante todo o período sonhei muito em brincar com ele, jogar futebol, videogame, em ter a chance de ensiná-lo os valores que aprendi dos meus pais, enfim, de vê-lo crescer e ser feliz.

Hoje, graças a Deus, posso realizar todos esses sonhos. Valorizo todos os momentos que estamos juntos e vê-lo feliz me dá uma sensação de vitória, um prazer indescritível.

Por fim, agradeço a todos que, direta ou indiretamente, ajudaram nessa batalha, em especial a equipe médica e os enfermeiros da Promater que se dedicaram muito; a Dra. Graça Moura, que nos acolheu em Recife, tendo um papel fundamental na cura e por ser uma médica de uma humanidade incomparável; ao meu pai, minha mãe e irmã, que foram meu porto seguro, junto de mim o tempo todo; e aos meus amigos, que me apoiaram e se mostraram mais que amigos.

(*Jair Júnior*, pai de Miguel.)

***

Cuidar de Miguel, procedente de vários meses de internação em Natal, foi para mim inicialmente um grande desafio. Com o passar dos dias, entre avanços e retrocessos, o desafio permaneceu, mas foi acrescido de uma série de sentimentos que não saberia traduzir em palavras.

Quero registrar algo que considero a lembrança mais significativa: em nenhum momento deixei de acreditar que mandaria Miguel de volta para casa, e essa certeza era confirmada a cada dia pelo brilho dos seus olhos, o brilho dos olhos dos vencedores. Assim, durante o tratamento dele, em Recife, fui apenas a coadjuvante de um vencedor, membro de uma família linda e generosa. Por melhor técnica que eu tenha sido, nada teria funcionado tão bem se não fosse a confiança depositada no meu trabalho.

Com Miguel, confirmei que devo continuar a acreditar na luz dos olhos de meus pacientes e lutar com eles para vencer.

(*Dra. Graça Moura*, gastropediatra que curou e que cuida do Miguel até hoje.)

***

O que posso dizer de Miguel é que ele, juntamente com sua família, me ensinaram muito... Me ensinaram o que não se aprende em livros. Ensinaram-me a ter fé acima de tudo, a ter esperança e lutar, lutar muito pela vida.

Os olhinhos "pidões" dele me estimulavam a pensar em como aliviar aquele sofrimento, aquela fome, mas também me alimentavam de esperança, e me ensinaram a valorizar mais a vida.

Nunca me esquecerei da luta de vocês e da fé que sempre tiveram. Grande beijo a todos.

(*Dra. Nívia*, pediatra que pegou Miguel nos braços no momento do seu nascimento.)

***

O que posso dizer sobre o que vivi com Miguel, sobre tudo o que aprendi com o que aconteceu?

Bem, vivi um sentimento novo e único: ser avó de novo. Miguel foi acolhido no meu amor assim como o fora Augusto. Era mais um neto para amar... Só que esse amor se cobriu de dor por vê-lo sofrer tanto. E o sofrimento de avó é "dobrado", porque vê os filhos sofrerem também. Foi a experiência mais terrível que tive.

Sofri, chorei e rezei muito, mas nunca perdi a esperança, por ver o olhar daquele bebê, cada dia que chegava ao hospital para visitá-lo. Era tudo o que eu podia fazer – passar a tarde com ele –, ainda que ficasse do lado de fora da UTI.

Mesmo nos piores momentos, mesmo quando o entreguei a Nossa Senhora, eu sempre pensava: "Uma criança que tem um olhar como esse é porque vai vencer...". E venceu!

Também aprendi muito, e principalmente percebi que Deus me deu uma família maravilhosa, irmãos generosos (incluo aqui os agregados). Agradeço ao Senhor por isso.

(*Maria Helena*, avó materna de Miguel.)

***

Não tenho palavras para agradecer a Deus a chegada de Miguel ao mundo, desde que os pais dele me entregaram um bilhetinho dizendo da gravidez, e até hoje, seis anos depois.

Miguel, cada dia da sua vida é para nós uma nova lição, pois, apesar de tudo o que passou, você é um garoto inteligente, esperto e muito alegre. E esta sua alegria é contagiante, porque nos ensina a não temer a escuridão do anoitecer e a ver um lindo sol clareando um novo amanhecer.

Foi um longo caminho percorrido em apenas seis anos, mas com resultados que proporcionaram crescimento e sabedoria a seus familiares, principalmente a seus pais, que, apesar de muito jovens, tiveram sabedoria para trilhar todo esse caminho.

Amo muito você. Com carinho, vovó "Xão".

(*Conceição*, avó paterna de Miguel.)

***

Falar sobre o caso de Miguel sempre será um momento de muitas emoções. Poderia fazer um relato de muitas páginas, mas, como o sentimento se repete, tentarei reproduzi-lo em alguns parágrafos, contando três episódios que mais me marcaram.

Jamais me esquecerei daquele telefonema ainda antes das oito horas da noite, com o pedido de ajuda de Júnior dizendo que Miguel ficaria internado, pois havia piorado. Quando cheguei ao hospital, Renata estava com o bebê nos braços, e ele, quase inerte, me lançou um olhar que dizia: "Por favor, me ajude!". Esse foi, para mim, um momento indescritivelmente espiritual, de sua alma para a minha... Verdadeiramente impressionante... E fui imediatamente procurar meus colegas pediatras para que a internação fosse efetivada e, diga-se de passagem, fora da rotina do hospital, pois pacientes que tiveram alta da UTI neonatal não retornariam a ela, e sim à UTI pediátrica. Mas, enfim, conseguimos.

Depois de vários momentos dolorosos, de decisões sobre reoperação, de tantas noites que saía do hospital com a certeza de que receberia a qualquer momento um telefonema com uma má notícia, e ao retornar à UTI depois de acompanhar uma das cirurgias, talvez a maior delas, e vê-lo ali no bercinho, caquético e pálido, parecia que uma nuvem negra estava sobre nossas cabeças... e não aguentei mais, caí no choro.

Então, muito delicadamente Júnior me abordou: "Tia, posso perguntar uma coisa? Por que a senhora chorou quando estava lá com Miguel? Tem alguma coisa de que não sabemos?". "Claro que não", respondi. O peso da responsabilidade era tanto, que não poderia abrir meu coração e dizer tudo que estava pensando...

Outra coisa que muito me marcou foi pensar no depois, na evolução, no amanhã. "Mesmo que essa criança sobreviva", eu pensava, "que angústia em pensar como será seu futuro e de sua família". Eu tinha obrigação de falar sobre isso! Tinha que falar para Renata, mas não tinha coragem, e conversei com minha irmã sobre a restrição alimentar de Miguel e as repercussões que isso traria para seu desenvolvimento neuropsicomotor. Não se poderia esperar muito dele, o risco era grande, e não gostaria de vê-los decepcionados com a espera de um resultado que poderia não se efetuar. Só Deus sabe quantas voltas dei para abordar esse assunto. Havia em mim um misto de sentimentos: o cumprimento da minha obrigação como médica e o de compaixão, por ser tia...

Enfim, tantas orações, tantos cuidados, tanta dedicação... e eu estava errada. Que bom, que maravilha, que bênção eu estar completamente equivocada. Não por ter pensado no risco, mas por não ter imaginado o desfecho.

Agradecemos a Deus por Miguel ser hoje tudo que não havíamos pensado que poderia ser. Deus o abençoe, Miguel, e que para sempre caiam chuvas de bênçãos sobre você!

(Cê, tia-avó e também madrinha de Miguel. Médica que o trouxe ao mundo e que salvou a vida dele.)

***

Miguel, guerreiro e vencedor, veio ao mundo para mostrar o quão forte ele é... Iniciou a vida enfrentando várias cirurgias, alimentando-se por sonda... E mesmo assim sempre foi uma criança sorridente. Quantas vezes fomos visitá-lo e o que víamos era uma criança cheia de fios pelo corpo! Sonda de alimento, sonda de remédio...

Era tão magrinho e aparentemente tão frágil! Mas com um sorriso no rosto e com um olhar de guerreiro sempre alerta.

No Natal de 2007, alguns amigos se reuniram na casa de Ewerton para agradecer a Deus por sua vida. Foi muito emocionante ver os amigos, junto com seu pai, tirando uma fotografia com sua foto no telão da sala. Seu pai estava presente nessa reunião, enquanto sua mãe ficou com você no hospital. Aliás, como era difícil tirá-la do hospital para se distrair um pouco. Renata não queria sair um minuto de perto de você, mas era necessário que respirasse outros ares.

Conseguimos fazê-la sair do hospital no dia 1º de dezembro de 2007, para ir ao casamento de tia Sydia e tio Rodrigo. Seus pais foram nossos padrinhos. Sua mãe estava linda, com um belo vestido azul, e foi muito bom vê-la sorrindo e feliz.

Mas felicidade mesmo sentimos no dia em que fomos a Recife visitá-lo na casa da sua tia. Você estava livre do hospital, das sondas... Nunca me esqueço da imagem de você no balanço, no meio da sala da sua tia... Lindo! Cheio de vida...

Nesse dia coloquei-o no colo e lhe dei mamadeira. Nunca vou esquecer esse momento tão feliz. E por falar em mamadeira, você passou a ter uma grande adoração por ela. Toda vez que sua mãe ia sair, levava umas cinco mamadeiras, com suco de melão e maçã. Você se agarrava à mamadeira como se a um troféu... E na verdade o era! Ela representava a sua libertação da alimentação parenteral.

Miguel, eu e tio Rodrigo derramamos muitas lágrimas por você, e agora, lembrando tudo isso, elas voltam a escorrer em meu rosto novamente. Mas sei que você venceu! Hoje o vejo grande, forte, inteligente, simpático. Tenho certeza de que continuará lutando e vencendo todos os obstáculos que aparecerem na sua vida, porque você é um iluminado de Deus. E não é à toa que se chama MIGUEL, o anjo guerreiro, um exemplo de superação.

Você é o nosso grande anjo guerreiro!

(*Tia Sydia e tio Rodrigo*, amigos que nos apoiaram muito durante todo o tempo.)

***

Não deve ter sido fácil para o casal Renata e Jair levar o filho saudável para casa, e ter que voltar pouco dias depois para o hospital, receber um diagnóstico cirúrgico, ter que ficar na UTI neonatal e não ter, em curto prazo, previsão de alta. Foram dias e meses em um ambiente diferente, cheio de aparelhos e um batalhão de profissionais. Mergulharam em um mundo totalmente desconhecido, vivenciaram situações de impotência, ansiedade e frustrações, mas nunca deixaram de ter fé.

Choraram, sofreram, mas a tristeza não era coisa que ficava por muito tempo. Eles aprenderam muito e nós da equipe também, afinal todo paciente é uma troca de saberes, é uma experiência nova, é uma sensação diferente. Essa história familiar foi e é marcada pelo amor que tem o poder de construir uma vida saudável, harmoniosa e iluminada, mesmo diante das dificuldades, dúvidas, tristeza, por isso que, como diz a oração de São Francisco de Assis, foi um período que houve desespero, tristeza e "trevas", mas que a oração levou à fé, à verdade, à vitória, à alegria e à luz.

Ver o primeiro sorriso de Miguel foi uma sensação incrível, uma criança que sofreu a dor de viver seus primeiros meses de vida em um ambiente fechado, pouco contato com toda a sua família, mas de uma superação indescritível. Acompanhar hoje em dia seu crescimento e desenvolvimento (mesmo que a distância) é uma alegria imensa.

Toda a força desse casal e dessa família estavam na oração, sempre muito confiantes, foi o alimento! O batizado de Miguel no hospital foi um momento muito marcante, um momento de agradecimento, um momento de entrega do filho, de proclamação pública da fé em Cristo. E eu estava presente de novo! Emoção, choro e agradecimento pela vitória.

Receber o convite para escrever um pouquinho dos momentos que vivemos juntos foi um prazer, um reconhecimento do trabalho, abrir um arquivo da minha memória que guardo com carinho.

(*Dra. Judith*, pediatra da UTI neonatal da Promater.)

***

Tive a felicidade de registrar sua chegada ao mundo e de ser umas das primeiras pessoas a conhecê-lo. Ver a alegria de seus pais naquele momento foi como reviver o nascimento do seu primo Léo. Saí da sala de parto, naquele dia 9 de julho, com aquela linda cena na mente, e falava comigo mesma que a cada novo dia descobria algo que me fazia crer que vale a pena viver, e seu nascimento era uma grande prova disso. Mal sabia eu que essa seria a menor das lições que aquele pequeno bebê me daria.

Nos dias e meses seguintes, várias cirurgias, muitos procedimentos, sondas, UTI... Como era difícil vê-lo sofrer... E mesmo com tanta dor, você conseguia sorrir e demonstrar uma vontade enorme de viver. Às vezes, ainda me pergunto como um pequeno e frágil bebê pôde ser tão guerreiro e ter tanta força no olhar. Quanto mais coisas ruins aconteciam, mais o seu olhinho brilhava, como se quisesse nos transmitir algo.

Foi muito difícil ajudar seus pais no hospital, vê-los tristes, aos prantos, muitas vezes desesperados, mas foi importante testemunhar como o amor é capaz de provocar mudanças.

Era emocionante ver meu irmão – que, como todos sabem, é muito desastrado – niná-lo com todos aqueles fios e sondas, sem desconectar nenhum, assim como ver sua mãe incansável ao seu lado, muitas vezes sem dormir. Mas esses foram os menores ensinamentos, os outros não podem ser descritos, só sentidos.

Você me ensinou que, mesmo com tanta dor, vale a pena lutar pela vida. Você é um milagre divino! Tenho certeza de que muitas pessoas que puderam conviver com você foram tocadas por sua luz e se tornaram pessoas melhores, como aconteceu comigo.

Meu amado Miguelzinho, você mudou muito a nossa vida e, principalmente, a de seus pais. Só pessoas especiais são merecedoras de uma criança tão linda e iluminada. Curta-os! Seus pais são excepcionais, e serão seus melhores amigos sempre. Sua madrinha e tia, Pati, continuará a ser espectadora da sua alegria, traquinagens, aventuras... Muito sucesso, saúde e felicidade!

Amo muito você. Sou sua fã!

(*Ana Patrícia*, tia e madrinha de Miguel.)

***

Tenho certeza de que sua atitude só irá ajudar a outras mães que estejam passando uma situação similar a sua.

Foi realmente um prazer ter passado alguns momentos com vocês. Era admirável a força, a coragem, a fé, a luta, a perseverança, a persistência e a esperança durante a batalha diária que viveram com o pequeno Miguel... Foi o amor de mãe e de pai que deu forças para superarem cada obstáculo.

Nesse período eu era enfermeira, e aprendi muito com vocês. Procurava muitas vezes segurar as lágrimas e ser forte também, pois era profissional e sabia da importância do meu trabalho. Mas, com a convivência, acabamos criando laços de amizade, começamos a admirar os pais e aprendemos a amar os bebês de que cuidamos.

Hoje em dia sou mãe e entendo todo esse amor, inigualável, inesgotável e a força que vem dele e de Deus. Admiro muito vocês e sei que o sucesso e a vitória de Miguel fazem parte desse amor, da dedicação e do empenho de todos.

Um grande beijo e que Deus continue abençoando e iluminando a vida de sua família.

(*Luciana*, enfermeira da UTI neonatal da Promater.)

Miguel, meu querido sobrinho, filho e afilhado, falar do início da sua vida é tão difícil, mas vamos ver o que consigo transportar para as palavras.

Tudo começou no dia do aniversário da sua avó: estávamos em casa comemorando, quando fomos trocar sua fralda e vimos que havia sangue nela. Sua mãe foi imediatamente levá-lo para o hospital, e eu corri para a Igreja, onde fiquei rezando e chorando, até que sua avó ligou e me disse: "Venha para casa, pois Miguel vai ficar internado... Vamos para o hospital". Ouvir aquela frase foi terrível para mim. Então olhei para a cruz, entreguei você nas mãos de Deus, pedi forças e voltei para casa.

Já no hospital, o pior momento foi ver tia Cê chorando, aquilo foi como uma facada no meu coração, porque se ela, como médica, encontrava-se naquele estado, isso significava que algo muito mais sério do que a gente imaginava estava acontecendo. Mas isso foi só o começo de muitas cirurgias e de muitos meses de internação.

Durante todo esse período estive diariamente no hospital cuidando e rezando por você. Nos três primeiros meses em que permaneceu na UTI, só podia ficar do lado de fora olhando, esperando por uma foto ou um momento em que estivesse melhor e alguém o levasse até o vidro... Daí, acredito que o chefe da UTI teve pena de mim e me permitiu entrar para vê-lo uma vez por mês, porque só quem tinha essa autorização, além dos seus pais, eram seus avós. Esse médico não sabe, mas sou muito grata a ele, do fundo do meu coração, por permitir minha entrada. Vê-lo, beijá-lo e poder observar seus olhinhos vivos e brilhantes foi algo que me fez um bem enorme, principalmente por dizerem que era para eu me acalmar pois tudo ficaria bem. Saía mais leve de lá de dentro, com mais paz e confiança.

Esses meses foram muito difíceis para mim, de um lado tinha sua avó chorando, do outro a sua mãe, e eu precisava me segurar e me manter forte, para dar força às duas. Só podia chorar em casa, à noite, no silêncio do meu travesseiro. E ainda havia você, meu amor, que chorava e chorava de fome, ligado a todos aqueles fios, e ninguém conseguia acalmá-lo. Mas bastava eu pegá-lo nos braços, começar a cantar e dançar um forró, que você parava e dormia.

Ninguém imagina o quanto estava cansada, mas era incrível, assim que entrava no hospital, Deus me dava forças e me modificava para que conseguisse estar tranquila e acalmá-lo. Passei dias e noites dormindo com você, para sua mãe poder descansar, poder sair um pouco daquele ambiente hospitalar.

Por conta das circunstâncias, passei o Natal e o Ano-Novo em Recife, mas meu pensamento e coração estavam o tempo todo conectados em vocês. Na passagem do ano, só chorava e pedia a Deus que devolvesse a sua saúde e o tirasse daquele hospital. E fui atendida! Graças a ele, apareceu nas nossas vidas a Dra. Graça, e, então, o levamos a Recife, para que você ficasse curado!

As primeiras 48 horas depois que chegamos lá foram as mais difíceis, todos estavam tensos, sua mãe estava supernervosa e estressada, assim como eu também. Mas não deixei isso me dominar, porque alguém precisava mantê-lo calmo, dormindo. Só voltei para Natal quando disseram que você iria ter alta do hospital.

Pois é, meu querido Miguel, meu guerreiro, estive a seu lado em todos esses momentos... Tanto que, lá em Recife, chegaram até a pensar que eu é que era sua mãe. E realmente, é assim que me sinto: sou sua tia, sua madrinha, mas também me sinto sua mãe, por tudo que vivi, por tudo o que senti ao seu lado nesse período.

Cuidei de você não como tia, mas como mãe! Em quantos momentos rezei, pedindo pela sua saúde em detrimento da minha, só para que ficasse bem, saísse daquele hospital, bem como para ver minha irmã, meu cunhado, minha mãe e todos na família felizes novamente pela sua recuperação.

Relembrar esses momentos é difícil para mim, porque é impossível não deixar as lágrimas rolarem. Foi um período muito sofrido, mas também de grande aprendizado, e agradeço a Deus todos os dias pela sua existência e por você estar aí hoje, supersaudável, lindo, cheio de vida e de alegria. Isso aumenta mais ainda a minha felicidade de ter você e Augusto juntos comigo, meus dois sobrinhos/afilhados maravilhosos.

Amo muito você, meu querido. Beijos enormes da sua tia, mãe e madrinha, Gabi!

(*Gabriela*, tia e também madrinha de Miguel.)

***

Quando conheci Miguelito (é assim que gosto de chamá-lo), percebi logo que tinha em meus braços um anjo que trazia no olhar uma vontade enorme de viver. Tão pequenininho, mas já com uma luta enorme pela frente...

Renata e Júnior o trouxeram para Recife na esperança de que uma outra opinião médica lhes desse uma nova alternativa de tratamento e, nesse meio-tempo, tive a oportunidade de estar ainda mais próxima de Miguel.

Em uma das noites em que me ofereci para ficar com eles, percebi que a minha ajuda não seria apenas a de vigiar o sono daquele anjo, carregá-lo no colo para dar o leite, trocar suas fraldas, ou dançar com ele no colo, ao som de músicas infantis, para que ele dormisse (enquanto Renata ia ao banheiro ou tomava banho, pois, apesar da pouca idade, ela demonstrava muita coragem), mas também mostrar àquela linda e jovem mãe que tudo aquilo que estava vivendo era passageiro: a dor, a tristeza, a ansiedade... Tudo seria substituído por uma alegria imensa, e sua fé e seus valores seriam grandiosamente enriquecidos depois dessa experiência.

Sabia muito bem o que Renata estava sentindo, pois alguns anos atrás havia passado por uma situação semelhante com o meu filho Henrique... Acredito que nada nessa vida é por acaso...

E hoje, Miguelito, você é um menino lindo, inteligente e muito esperto, com as graças de Nosso Senhor Jesus e com as bênçãos de Nossa Senhora.

Que Deus o abençoe sempre, que você seja muito feliz e que continue sendo esse anjo-guerreiro, fazendo jus ao lindo nome que tem: "Miguel".

Com muito amor, beijos da sua tia Su.

(*Susana*, uma mãe de UTI; minha tia e madrinha de Crisma.)

***

Tenho várias lembranças tristes e felizes de Miguel. Lembro muito quando, ainda na UTI neonatal, ele chorava de fome, e a única coisa que o acalentava era uma chupeta feita de um dedo de luva e glicose, que depois de um tempo foi proibida. Mas nem a chupeta ele queria mais, só chorava, inconsolavelmente.

Houve uma época em que ficou tão caquético, num estado tão grave, que liguei várias vezes de casa para saber como ele estava, sem falar da angústia que sentíamos com as inúmeras cirurgias... Até em uma simples punção venosa Miguel sofria, aliás, não só ele, mas todos nós.

Depois houve a tão esperada alta para o apartamento, daí a situação já era melhor, ele já interagia mais, comia por bomba de infusão, dava alguns sorrisos.

No Carnaval ele até se vestiu de palhaço... Ficou lindo!

Quando ele saiu do hospital foi uma alegria, pois passeamos no shopping e em vários outros lugares.

Foi muito engraçado no dia em que Miguel, no fraldário do shopping, fazia cocô e ao mesmo tempo emitia barulhinhos com a boca... Renata e eu ficamos rindo dessa situação.

Nunca irei me esquecer desses momentos inesquecíveis que serviram de lição para toda a minha vida.

(*Eve*, enfermeira técnica da UTI neonatal da Promater.)

**

A minha maior recompensa é ver Miguel bem e saudável. Claro que aprendi muito no convívio com vocês, que se tornaram pessoas queridas. Também ampliei meu conhecimento médico, pois, diante da dificuldade de suporte de especialista em Natal, tivemos que realizar muitas pesquisas na literatura médica para melhor conduzir o tratamento.

(*Dr. Reginaldo*, chefe da UTI neonatal da Promater.)

**

Gostaria de expressar a Deus a minha gratidão pela vida de Miguel, criança iluminada que veio ao mundo para mostrar para muitos que tudo é uma questão de fé naquele que tudo pode.

Meu filho também nasceu com diversos problemas de saúde, mas, graças a Deus, assim como Miguel, venceu todos eles. Na época em que meu filho esteve na UTI neonatal recebi a visita de Renata, que nem me conhecia, mas que foi ali somente para dar um abraço e dizer que ela havia vencido e que nós também venceríamos... Bastava somente confiar.

Renata, com seu carisma, me deu uma grande força quando contou sobre as lutas que havia passado e vencido. E depois dessa nossa conversa amiga, passei a ter muito mais confiança de que tudo iria dar certo.

Essa família é linda e abençoada, um exemplo a ser seguido. Obrigada por tudo.

(*Naylza*, uma mãe de UTI – mãe do Arthur)

***

Falar de Renata é falar de alguém muito especial para mim... Miguel, então, nem se fala!

Lembro-me do dia em que ela me contou que estava grávida, que teria um menino e que ele se chamaria Miguel (nome cujo significado é forte: "igual a Deus").

E Miguel nasceu! Que felicidade!

Trabalhava na Promater (hospital e maternidade) e um dia estava saindo, depois de terminar meu turno, quando Renata chegou com Miguel nos braços, que tinha pouco mais de um mês... Ela o estava levando para o pronto-socorro. E foi nesse dia que tudo começou...

Começou o desespero, a aflição, a angústia, a insegurança, a incerteza e o medo, não só por parte da minha amiga, mas de todos que estavam ao redor do tão pequeno e "frágil" Miguel. Começou também a luta, numa batalha que não parecia ter fim.

Mas Miguel não desistia. Era um guerreiro!

Entre idas e vindas da UTI, fazia questão de estar todo o tempo ao lado de Miguel no quarto do hospital. Ficava o dia todo lá, de acordo com que o trabalho me permitia!

Durante esse tempo compartilhei de vários sentimentos de cada uma das pessoas da família: alegrias, tristezas, medo... Mas os sentimentos que mais me causavam admiração eram a força e a esperança, e não apenas dos familiares, mas do próprio Miguel. Ele, mais do que qualquer um, tinha uma vontade enorme de viver. Isso era algo muito bonito.

Renata quase não tirava o filme *Procurando Nemo* do DVD, pois Miguel o adorava. Além disso, os banhos de Miguel sempre eram uma diversão, pois Renata colocava a água numa temperatura morna e eu sempre dizia que estava quente demais. Daí falava: "Mas é assim que ele gosta!". Ela também o enchia de condicionador, e ele quase não tinha cabelo.

Eu ficava muito, muito, muito feliz quando aparecia um sorriso naqueles dois rostinhos (de Renata e de Miguel). E quando isso acontecia, eu pensava: "Posso ir para casa, cumpri minha missão de hoje!".

Rê, Miguel e Junior, vocês são muito especiais em minha vida! Amo muito vocês três!

Este trecho da letra de uma música retrata o nosso encontro: "Amigos para sempre é o que nos iremos ser, na primavera ou em qualquer das estações, nas horas tristes e nos momentos de prazer... Amigos para sempre...".

(*Mariana Guimarães*, uma amiga.)

Impresso na gráfica da
Pia Sociedade Filhas de São Paulo
Via Raposo Tavares, km 19,145
05577-300 - São Paulo, SP - Brasil - 2014